GÉNÉRATION « J'AI LE DROIT »

Barbara Lefebvre

GÉNÉRATION « J'AI LE DROIT »

La faillite de notre éducation

Albin Michel

© Éditions Albin Michel, 2018

« L'homme raisonnable est plus libre dans la cité où il vit sous la loi commune que dans la solitude où il n'obéit qu'à lui-même. »

Baruch SPINOZA,
Éthique (1677)

INTRODUCTION

La faillite de l'éducation

« J'ai le droit ! » Cette phrase tombe comme un couperet, ferme toute possibilité de dialogue. Cette affirmation semble éluder l'accomplissement de devoirs autant qu'elle efface les droits d'autrui. « Je » prend tout l'espace, écrase par son irréductible souveraineté un « nous » qui aura servi au genre humain à faire société depuis des siècles, sinon des millénaires. Si chère à l'esprit occidental depuis l'humanisme de la Renaissance puis les Lumières, dont la France « patrie des droits de l'homme » se flatte d'être un phare, notre passion illimitée de la liberté individuelle adossée à celle de l'égalité transformée en égalitarisme aura conduit à l'effacement du « nous » au profit d'un « je » tout-puissant, revendicatif et péremptoire.

Nous vivons une époque où le droit individuel prévaut sur tout. Certains revendiquent des libertés s'écartant de la règle héritée de notre histoire commune. On entend dire que repousser ces revendications à un « droit sur mesure » est un affront aux principes démocratiques. Invoquer son droit individuel à tout bout de champ est pourtant une forme

Génération « j'ai le droit »

puérile du refus de la servitude. Cela consiste à récuser la légitimité du bien commun, à placer son intérêt particulier au-dessus de l'intérêt général. Comme si l'individu, tout-puissant dans son espace privé, ne supportait plus d'être placé au même niveau de droit que les autres quand il entre dans l'espace public.

Mais l'individualisme n'est pas la seule cause de cet envahissement du « moi » dans tous les espaces publics de sociabilité et de débat. Ce phénomène a été rendu possible par l'effacement progressif de l'autorité institutionnelle à tous les niveaux, par la déréliction de son incarnation jusqu'au plus haut sommet de l'État. Depuis la fin de la Seconde Guerre mondiale, la Déclaration universelle des droits de l'homme de 1948, et le développement singulier de l'État providence qui a pris en France la forme d'un maternage infantilisant, on a laissé croire qu'il n'existait que d'infimes différences entre les droits-libertés traditionnels (*droit de*) et les droits-créances économiques et sociaux (*droit à*). Ils sont pourtant de nature distincte : les premiers, comme la liberté d'expression, la liberté de conscience, l'égalité devant la loi, le droit à l'éducation, sont inaliénables et doivent être garantis par l'État, les seconds relèvent d'idéaux ou de projets sociaux à réaliser. Le droit de travailler ou d'avoir un logement, par exemple, réfèrent-ils fondamentalement à une obligation d'intervention de l'État ? C'est la question de l'effectivité des droits-créances qui est posée avec de plus en plus d'acuité. En effet, à mesure que ces droits s'affirment, l'État perpétuellement débiteur cède à des revendications auxquelles il ne peut jamais répondre de façon satisfaisante. Et à force de rendre

Introduction

l'État ou la société responsables des échecs individuels, on a accordé un statut équivalent aux droits-libertés et aux droits-créances, autorisant cette extension indéfinie du droit individuel. Qu'on le veuille ou non, même dans une société démocratique, l'égalité de droit est indissociable d'une inégalité de fait. En maintenant l'opinion publique dans une posture infantile par la justification d'un discours revendicatif du « droit de chacun » contre le « droit de tous »[1], on n'aboutit qu'à une fragmentation du corps social, à l'impossibilité de produire la confiance collective et le sentiment d'unité qui permettent de faire nation.

La délégitimation de l'autorité – principalement celle qui émane des représentants de l'autorité publique et secondairement de sphères privées comme la famille – résulte de sa dénomination comme une « violence institutionnelle » par les idéo-sociologues des années 1970. Depuis presque un demi-siècle, une nomenklatura intellectuelle se sera érigée au nom du progressisme en mère-la-morale. Elle a accouché du politiquement correct : tout se vaut puisque derrière toute hiérarchie, toute puissance institutionnelle, est tapie l'ombre du fascisme. Qu'on le veuille ou non, le spectre d'Hitler plane au-dessus de nos têtes. Sa régulière réactivation fantomatique est un élément clé du discours bien-pensant. Sans les « heures sombres de notre histoire », comment faire taire ceux qui pensent les mutations civilisationnelles

---

[1]. La question du « droit à l'enfant » posera bientôt des problèmes éthiques et juridiques immenses qui provoqueront peut-être un débat public salutaire en France.

Génération « j'ai le droit »

à l'œuvre autrement que sous l'angle de la béatitude et de l'optimisme insouciant ?

L'enseignant, l'élu politique, le policier, le juge, le médecin de l'hôpital public, tous ont vu leur autorité récusée au nom de cette doxa. Ils n'ont plus le droit d'obliger le citoyen à quoi que ce soit. Ce dernier est d'abord un individu autorisé à ériger son droit singulier en obstacle à l'exercice d'un pouvoir légitime au service du bien commun. La dénonciation du pouvoir des « dominants sur les dominés » perdure et se décline désormais sur des modes racialistes, sexistes. Ces « dominés » autoproclamés poussent si loin la revendication de leurs droits particuliers, s'enferrent dans tant de contradictions qu'ils produisent un racisme et un sexisme bientôt plus radicaux que ceux qu'ils prétendent combattre.

Ceux qui nous jettent à la figure « leurs droits » pour se dérober à leurs devoirs refusent l'homogénéisation portée par l'égalité dans une république laïque. Ils refusent l'universalisme de la liberté démocratique occidentale. L'impératif égalitaire de la démocratie moderne occidentale qui a voulu abolir tous liens hiérarchiques aura finalement conduit à l'expression de revendications les plus profondément inégalitaires et liberticides, parce que portées par des individus qui ne regardent plus leurs concitoyens comme des égaux en droit, qui ne se sentent pas une commune appartenance avec eux. Les militants « racisés », les néoféministes indigénistes et leurs alliés politiques d'extrême gauche ressemblent aux aristocrates décrits par Tocqueville : ils ne voient « leurs semblables que dans les membres de leur

Introduction

caste[1] ». Ce n'est donc pas seulement la fin du lien social qui marque notre époque, c'est bien la fin du lien national. La nation est une idée très ancienne et, en France, la république est le cadre politique de son expression, de façon récente au regard de la longue durée historique. Nation et république sont devenues indissociables dans l'imaginaire collectif français, au point que lorsque les repères idéologiques républicains se brouillent, quand ces principes sont attaqués, c'est la nation tout entière qui se délite.

La famille n'a pas été épargnée par cette passion égalitaire. Elle a résisté plus longtemps que l'autorité publique aux attaques. Les parents ont été décrits par la sociologie des années 1960 comme une puissance réactionnaire liberticide à l'égard des enfants. La figure paternelle en particulier fut frappée d'illégitimité à dire la loi, à faire respecter un certain ordre des choses. En quelques décennies, elle a connu des mutations qui tournent à la métamorphose sous l'effet de la déconstruction des modèles familiaux. « J'ai le droit » est une phrase que nombre de parents entendent prononcer par leur progéniture. Ils sont perplexes devant cette précoce revendication individualiste de leur enfant qui récuse l'autorité parentale au nom de son bon droit. Certes, chez l'enfant, la transgression fait partie de l'apprentissage. Mais cela se conjugue désormais, dans nos sociétés, aux discours publics qui l'encouragent dès le plus jeune

---

1. Alexis de Tocqueville, *De la démocratie en Amérique*, Robert Laffont, coll. « Bouquins », t. II., 1986.

âge à faire valoir « ses » droits. Or, le rôle éducatif parental est précisément de poser le cadre de la première loi : celle de la cellule familiale où s'articulent permissions et interdictions au nom d'un ordre propre à une identité familiale. Cette loi intime, privée, doit néanmoins faire écho à l'ordre social environnant où l'enfant prendra sa place au milieu de ses congénères. Des parents qui transmettent à leur enfant des principes et des valeurs contraires à ce qui est communément admis dans la société où ils vivent le condamnent à l'échec, la frustration et l'exclusion. Dans ce cas, il n'est pas étonnant que l'enfant clame « J'ai le droit » pour justifier son refus de la règle commune. Et l'on voit ainsi poindre de plus en plus souvent la stratégie de la victimisation derrière ces revendications : lui ou ses parents se présentent comme victimes d'une injustice puisque l'on n'a pas accédé à leur demande de dérogation au droit collectif au nom de leur droit particulier. La dérogation à la règle de droit est devenue pour certains « un devoir » !

Quand il dit « J'ai le droit », davantage que « J'ai le droit *à* », l'enfant exprime un « droit de s'élever contre » : contre la loi parentale, contre la loi institutionnelle de l'école, etc. Nombre d'enseignants sont désorientés par ces élèves qui contestent certains enseignements ou les règles de la classe. Quand l'opposition s'exprime dès l'école, la situation est grave, car il s'agit d'un lieu aussi singulier que fondamental dans la formation de la génération citoyenne à venir. C'est le premier espace de la règle commune où l'enfant est placé seul, hors de l'autorité familiale. Il y

Introduction

fait l'expérience fondatrice du déplacement d'identité qui fonde toute société humaine : enfant de ses parents, il devient élève de sa classe. Demain, il sera un individu capable d'ajuster ses identités singulières à celle de citoyen français. Le fait de devenir élève ne signifie pas l'effacement de son identité d'enfant, mais l'apprentissage d'une coexistence nécessaire pour s'instruire, pour apprendre à se détacher de lui-même et vivre dans cette société en miniature qu'est l'école. On le sait, pour certains enfants, dès la maternelle et le début du primaire, l'expérience de l'étrangeté de cette communauté humaine est difficile. Cette rencontre avec autrui exige de l'élève qu'il se désenchaîne de son moi pour intégrer un groupe qu'il n'a pas choisi. C'est un effort que certaines familles n'encouragent pas, voire refusent, précisément au nom de leur « droit à la différence » incompatible avec le droit commun. C'est un effort auquel certains enseignants n'obligent plus l'enfant, car ce serait contraire à son libre développement. On feint de se plaindre de « l'enfant roi », mais on le cultive, comme s'il s'agissait d'un paradis perdu. Cela révèle la puérilité de nos sociétés qui refusent d'être adultes, la faillite éducative de ceux qui abandonnent leurs responsabilités.

S'alarmer de ces intempestifs « J'ai le droit », de cette tyrannie de l'égoïsme quotidien, c'est s'exposer à la critique des progressistes qui voient dans la revendication à toujours plus de liberté un signe de bonne santé de la démocratie. Je fais partie de ceux qui y voient le contraire du progrès, non pas le conservatisme mais la régression des libertés collectives au profit des libertaires individualistes qui s'agrègent en groupes ou communautés se plaçant au-dessus des règles communes. J'y vois le recul, d'une part, du bien commun et, d'autre part, du devoir incombant à chacun de préserver, faire vivre et défendre ce bien commun précisément au nom d'un projet démocratique pluraliste qui surpasse l'individu. J'y vois aussi une dérive du droit dans la mesure où des subjectivités individuelles, des opportunités, se transforment en droit.

Un exemple : le cas des mères invoquant « le droit d'accompagner les sorties scolaires » de leur progéniture tout en portant un signe religieux ostentatoire comme le hijab, voire le jilbab. Cette revendication a pris aujourd'hui la forme d'un combat politique puisque des associations ont été créées pour se dévouer à cette cause, aidées par les juristes d'associations politico-religieuses et certains élus. Le service public d'éducation est particulier, il a une histoire singulière puisqu'il a porté la laïcité depuis les années 1880 (donc avant la loi de 1905) et l'a renforcée par la loi de 2004 en étendant le devoir de neutralité religieuse aux usagers directs : les élèves. La neutralité est l'incarnation de la laïcité qui, elle, est un principe de droit positif et non une valeur incantatoire à géométrie variable. Les parents d'élèves ne sont pas tenus par la loi à cette neutralité. Néanmoins, lorsqu'il s'agit de participer à la classe, à des activités d'enseignement hors ou dans les murs de l'école, le rôle et l'action de ces parents dépassent ceux d'un simple usager : ni agent du service public ni tiers, ils sont des collaborateurs occasionnels par leur action d'encadre-

Introduction

ment et de surveillance[1], couverts notamment par les assurances de l'Éducation nationale. En outre, accompagner une sortie scolaire relève d'un choix, d'une volonté personnelle de participer à l'action éducative de la classe. Cette opportunité proposée par l'école s'est transformée en un droit pour ces mères : « J'ai le droit d'accompagner mon enfant en sortie scolaire, refuser ma participation est un déni de mon droit, et accessoirement un signe de racisme. » Certains directeurs d'école, certains enseignants se laissent impressionner et abuser par cette invective. Rien dans la loi ni dans le Code de l'éducation n'affirme un tel droit. La désignation des accompagnateurs de sorties scolaires relève de la décision de l'agent public qui n'a aucune obligation de s'en justifier. En revanche, le directeur d'école et l'enseignant ont pour obligation de garantir la neutralité des enseignements comme la liberté de conscience des élèves d'une classe, qui doivent être préservés de tout prosélytisme, qu'il soit actif ou passif. Or, l'ostentation vestimentaire peut être considérée comme un acte de « propagande confessionnelle », surtout quand elle s'adosse à une idéologie politico-religieuse.

À l'école, l'enfant vit selon des principes et des règles données pour construire un collectif où les individus s'épanouissent dans la concorde. Cette peinture idyllique craque sous nos yeux depuis plusieurs décennies. Certains prétendent même que cette

---

1. Que l'arrêt de section du Conseil d'État du 13 janvier 1993 a qualifié sous la dénomination de « collaborateur bénévole » (affaire Galtier).

Génération « j'ai le droit »

école n'a jamais existé, que c'est une nostalgie rance qui ignore la fameuse « violence institutionnelle » de *l'école d'avant*. Il n'empêche que malgré sa prétendue violence, l'intransigeance culturelle et disciplinaire des maîtres et la solennité avec laquelle s'exprimait la morale républicaine laïque, cette école-là produisait au moins des citoyens qui savaient lire et compter en la quittant, elle identifiait par des examens exigeants les talents des milieux populaires et leur permettait une ascension sociale qui n'existe plus. Cette école-là savait créer des citoyens patriotes comme Condorcet ou Jean Zay l'avaient souhaité.

Cet « asile inviolable où les querelles des hommes ne pénètrent pas[1] » est en décomposition. Si des espaces scolaires demeurent épargnés, c'est parce qu'ils sont dirigés par des adultes conscients de leurs responsabilités morales et civiques à l'égard des générations qui viennent. Des adultes qui n'ont pas renoncé à leur autorité. Dans un monde ouvert où tout se vaut, où la légitimité des institutions collectives est récusée au nom de lois individuelles ou communautaires supérieures, où l'on récuse les notes de l'enseignant mais accepte la férocité des classements dans les émissions de téléréalité, des parents, des enseignants et des intellectuels luttent pour éduquer la nouvelle génération. Ils s'efforcent de lui rappeler, contre la doxa, qu'elle hérite d'un monde qui la précède, que toute réussite individuelle passe par une intégration volontaire au sein d'un collectif dont on est l'héritier. On

---

1. Circulaire du ministre Jean Zay sur l'absence d'agitation politique dans les établissements scolaires, 31 décembre 1936.

Introduction

doit apprendre l'humilité et le respect de l'autorité à l'enfant pour qu'il s'intègre et enrichisse ce collectif dont il sera demain un acteur majeur. Pour qu'il ne conçoive pas la règle commune comme un déni de sa propre liberté, de « son droit ».

1.
« Guerre aux démolisseurs » de l'école

Victor Hugo avait raison quand il écrivait que « les dévastateurs ne manquent jamais de prétextes[1] ». La dévastation de l'école républicaine s'est construite sur un renoncement majeur : celui de l'héritage culturel via la transmission de la langue française. En rendant impossible une véritable maîtrise de la langue française par tous les enfants, en la réduisant à une langue de communication purgée de toute nuance, de toute grammaire, de toute référence, en se gardant de leur imposer les codes culturels nécessaires pour entrer dans le monde, on est parvenu à déraciner déjà deux générations de Français, celle des années 1980 et celle des années 2000. Nous en observons les effets désastreux sur le tissu social, l'unité nationale, le sens civique. Les fractures culturelles et sociales béantes sont telles que même les bien-pensants n'osent plus les nier. Ils s'échinent à en minimiser la gravité, font obligation d'optimisme pour sortir de l'ornière où

---

1. Victor Hugo, « Guerre aux démolisseurs », *Revue des deux mondes*, 13 mars 1832.

Génération « j'ai le droit »

nous ont conduit « les démolisseurs », diabolisent ceux qui décrivent les ressorts de la démolition, et, en cas d'extrême urgence les traitent de réactionnaires ou de racistes pour leur clouer le bec définitivement.

La génération qui vient sera plus déracinée que les précédentes, tous les acteurs sociaux de terrain en dénoncent la brutalité. Qu'il s'agisse de la consommation de drogue ou d'alcool à doses délirantes, de la diffusion des codes pornographiques dès l'enfance, de l'addiction aux réseaux sociaux, de la fascination complotiste chez les adolescents, tout indique qu'une part importante de la jeunesse française se porte mal. Une jeunesse abandonnée, livrée à elle-même. La génération « J'ai le droit ». Tout cela procède de l'acculturation, de l'abandon intellectuel auquel l'institution scolaire les a voués en se mettant à leur niveau au lieu de les élever. Il y a d'autres responsables de ce désastre, mais l'école avait pour mission de les instruire, de leur donner les moyens d'organiser une pensée, de raisonner, d'argumenter. Las, elle abandonne ses élèves à une telle pauvreté sémantique qu'il ne peut en résulter qu'une pauvreté de la pensée. Appauvrissement intellectuel qui ne produit en général que docilité et violence. On peut se cacher derrière tous les sociologismes qu'on voudra, la génération « J'ai le droit » est le fruit d'une crise culturelle et d'une crise de l'enseignement qui révèle une crise de responsabilité collective.

« *Guerre aux démolisseurs* » *de l'école*

Un grand déracinement

« La crise de l'enseignement n'est pas une crise de l'enseignement [...] quand une société ne peut pas enseigner, c'est qu'une société ne peut pas s'enseigner ; une société qui ne s'enseigne pas est une société qui ne s'aime pas ; qui ne s'estime pas ; et tel est précisément le cas de la société moderne[1]. » Plus d'un siècle nous sépare de ces mots de Charles Péguy et pourtant ils font écho à notre réalité. Étrangement peut-être, Péguy me donne le courage d'entamer le récit qui suit où se mêlent vécu et analyse personnelle de presque deux décennies d'enseignement. Sa révolte face à la destruction de l'enseignement émancipateur, mêlée à son irréductible croyance en un humanisme universel et en son vœu de transmettre par l'école l'amour de la « patrie charnelle » est bouleversante face à ce que la génération aux manettes depuis quarante ans a fait de l'école de la République : le lieu du grand déracinement.

Déracinement culturel, social, politique. L'école n'a plus d'identité parce qu'elle a tourné le dos à sa mission, parce qu'elle a perdu son sens. Bien que sa vocation fût de faire nation, de créer des citoyens éclairés et des êtres humains plus instruits que leurs aïeuls, elle a cessé d'être nationale. Les mots qui fâchent sont lâchés : nation, identité, sens de l'école, citoyens

---

1. Charles Péguy, *Pour la rentrée* [1904], dans *Œuvres en prose complètes*, Gallimard, t. I., coll. « Bibliothèque de la Pléiade ».

éclairés. En les écrivant, je m'expose à la condamnation *ad hominem* : réactionnaire, conservatrice, nationaliste et décliniste. N'en jetez plus.

Je n'hésite pas à parler de grand déracinement concernant l'école quand bien même les vigilants chiens de garde progressistes du Café pédagogique, du collectif Aggiornamento et leurs affidés blogueurs sur *Mediapart* ou le Bondy Blog, pour ne citer qu'eux, se plairont à établir un parallèle entre cette expression et le « grand remplacement » de Renaud Camus. À quand le bûcher ? Hélas, je n'ai ni le goût du martyre ni celui de la contrition. Je ne crains d'autant pas les parallèles que je suis en désaccord avec le concept de Renaud Camus, en particulier au regard de son absence de méthode un tant soit peu scientifique pour asseoir ce qu'il présente comme une « théorie ». L'observation de Camus ne renvoie pas à une méthodologie précise, mais à une observation qui relève de l'expérience personnelle, du rapport que l'individu entretient au monde et qui tiendrait lieu de vérité. Je ne partage pas sa vision immuable, pour ne pas dire inamovible, de la France : l'identité française ne relève pas de l'ordre de la nature comme il le pense, mais bien de la richesse de sa culture, de son histoire collective. Nous vivons une époque de recomposition des contours de l'identité française que certains aspirent à diluer dans une postmodernité multiculturaliste sans racines, sans héritage, sans culture commune. Et l'époque que nous vivons, en la regardant sous l'angle de l'histoire des idées, ne se réduira pas comme Camus le pense aux conséquences de flux migratoires massifs.

« Guerre aux démolisseurs » de l'école

L'identité française connaît des mutations profondes, c'est un fait. Une certaine idée de la France, de la nation, de l'histoire commune est en train de disparaître lentement depuis cinquante ans. Certains ont parlé de « suicide », or le passage à l'acte s'étale dans le temps. Je parlerais plutôt d'un processus d'autodestruction, comme si la France avait perdu toute estime de soi au point de vouloir en finir avec elle-même. Ce processus est à l'œuvre depuis le milieu des années 1950, s'accélérant avec le développement du projet européen, d'abord en 1992 puis avec le référendum de 2005 dont le résultat démocratique fut foulé aux pieds, enfin la situation est devenue intenable avec la mondialisation consacrant l'hégémonie du capitalisme financier et de « l'économisme global » comme seul horizon identitaire. Après avoir essayé de nous faire croire en 1989 que l'histoire était finie, on rejoue maintenant la musique du progressisme : l'histoire est « en marche ! » Or, l'histoire est souvent tragique, il y a donc des raisons de ne pas être trop optimistes…

Immédiatement caricaturée pour la faire entrer dans les classifications dont l'intelligentsia a le secret, toute position qui consiste à évaluer et nommer le désastre causé par quarante ans d'ultralibéralisme et de relativisme libertaire est vouée aux gémonies. Nous sommes enfermés « dans les vieux schémas », nous devenons « des esprits tristes englués dans l'invective permanente »[1]. Pour ma part, je n'ai aucune

---

1. Propos d'Emmanuel Macron cités par Philippe Besson dans *Un personnage de roman* (Julliard, 2017).

crainte des étiquettes, sans rapport avec mon histoire personnelle, mes idées, mes principes. C'était sans naïveté que je croyais notre école publique capable d'élever au-dessus d'eux-mêmes nombre de ces enfants, et à leur apprendre à devenir un être libre de penser par soi-même inséré dans un corps social et national uni. Je ne crains pas les sarcasmes de ceux que j'appelle les *pédagauchistes* qui ne se sentent exister qu'en traquant le mal-pensant, surtout quand il ose prononcer le mot nation.

D'où vient le désarroi présent ? Il existe un insondable malaise dans lequel tant d'élèves, de familles, d'enseignants sont plongés depuis qu'on les a privés d'enseignement, c'est-à-dire d'enracinement à une valeur qui nous relie comme société humaine : la culture. Ce malaise s'amplifie à mesure qu'on leur interdit de l'exprimer sous la pression de la doxa qui le caricature en pessimisme stérile. Péguy avait raison quand il reliait l'enseignement à la vie sociale. C'était l'essence de l'école républicaine, non réductible à cet âge politico-historique. La civilisation occidentale puise à ses sources grecque, juive et chrétienne cette confiance dans l'idée que la société se construit par l'enseignement que l'on confie aux anciens pour guider les nouveaux venus. Seuls les enracinés pourront planter les germes d'une vie sociale améliorée. Mais, si « une société ne peut pas s'enseigner ; c'est qu'elle a honte, c'est qu'elle a peur de s'enseigner elle-même », et nous en sommes là. Nous avons renoncé à nous enseigner nous-mêmes par mépris de qui nous sommes, par

« Guerre aux démolisseurs » de l'école

idéologie maquillée en intellectualisme, par culpabilité.

Comment ont-ils déraciné la société ?

Détruire l'enseignement, déstructurer les repères connus par la génération qui nous a précédés : le discours des déconstructeurs freudo-marxistes des années 1960 est venu légitimer ce grand déracinement. L'Homme nouveau devait en sortir, c'était la grande promesse qui justifiait la table rase culturelle. À quoi ressemble-t-il finalement ? Non pas à un être humain pourvu d'un libre arbitre et armé pour comprendre le monde dans lequel il vit, mais à un individu perdu et sans repères dans un monde incompréhensible. La génération actuelle est en passe de correspondre aux héros d'*Extension du domaine de la lutte* de Michel Houellebecq : de dociles consommateurs, hyperconnectés et sans attaches, des individus « aux comportements rationalisables », comme le disait Bernard Maris, avec l'argent en ligne de mire et l'infinie solitude au bout de la route. Que faire sinon, pour la plupart d'entre eux, trouver refuge dans l'amusement perpétuel que médias et réseaux sociaux proposent pour anesthésier les consciences et inciter à consommer ?

Quand je regarde, en tant qu'enseignante, parent d'élève et citoyenne ce qu'est devenue l'école et ce qu'elle annonce pour demain, me viennent à l'esprit les vaines gesticulations de Charlot dans *Les*

Génération « j'ai le droit »

Temps modernes. En tant que fonctionnaire, j'ai souvent eu l'impression d'abandons successifs, imposés pour vider notre métier de son sens. Tout cela s'est fait subtilement mais consciencieusement. De quelle idée de la France démocratique sommes-nous les réceptacles quand on a décidé qu'il n'existait plus d'héritiers, mais des individus neufs, porteurs de leurs propres références, de leurs « droits » singuliers et inédits ? Quelle chaîne de transmission peut-on encore forger quand chacun des anneaux, au nom de sa singularité, se dérobe au moment de former un collectif ? Ce n'est pas pour rien qu'on a transformé l'enseignement en une liste de compétences et de savoir-faire à maîtriser. Et ce n'est pas un hasard si ce sont des professeurs de lettres et d'histoire qui tirent la sonnette d'alarme depuis plus de deux décennies. Nos disciplines font que nous ne sommes pas dupes de ces changements. Il s'agit, dès l'école, d'édifier le culte du consumérisme, de l'efficacité dont l'entreprise *open space* aura besoin, de l'économisme. On enveloppe cela d'un discours sur les « valeurs » et le « vivre-ensemble » pour se donner des airs de progressistes inoffensifs, mais plus personne n'y croit.

En commençant ma carrière, je concevais l'école comme le dernier refuge où l'on pouvait encore parler d'autre chose que de biens de consommation et de platitudes du quotidien. Je croyais qu'elle était le dernier espace populaire où la littérature avait encore une place. Car qui dit littérature dit culture. L'histoire-géographie, ma discipline, ne se comprend ni ne s'enseigne sans accès préalable à

« *Guerre aux démolisseurs* » de l'école

la littérature. Or, l'écrasante majorité de nos élèves sont incapables d'y accéder, car l'éducation qu'ils reçoivent à l'école les a privés de livres. Michel Houellebecq le dit avec une justesse : « De toutes ses forces (qui furent grandes), la littérature s'oppose à la notion d'actualité permanente, de perpétuel présent. Les livres appellent des lecteurs ; mais ces lecteurs doivent avoir une existence individuelle et stable : ils ne peuvent être de purs consommateurs, de purs fantômes ; ils doivent être aussi, en quelque manière, des *sujets*[1]. » L'école au sein de laquelle j'ai enseigné ne permet plus à l'individu d'être un « *sujet* ». Ceux qui ont la chance d'avoir évité le piège le doivent souvent à une rencontre fabuleuse avec un enseignant ou un environnement familial qui aura compensé la faillite de l'éducation.

Les nouveaux « ennemis du peuple »

Ayant toujours refusé de céder au pédagogisme que j'avais intuitivement perçu comme de l'idéologie au service du déracinement culturel et politique, j'étais dès le départ une enseignante « condamnée ». Comme en témoignent ces associations qui aident les enseignants à la reconversion professionnelle, comme en témoigne le ministère lui-même qui parle pudiquement d'accompagner les « projets de mobilité », beaucoup de mes collègues éprouvent une

---

1. Michel Houellebecq, *Approches du désarroi*, dans *Rester vivant*, Librio, 2005, p. 51.

souffrance en classe liée à un conflit de valeurs. Un enseignant quitte rarement son métier pour des raisons matérielles ou financières ; nous savons dès le début que nous serons mal payés et déconsidérés par une société où la réussite s'évalue aux signes extérieurs de richesse. Les enseignants ont choisi ce métier car ils portent des valeurs humanistes. Or, la mise en œuvre de la machine scolaire est orientée vers la dévaluation de ces valeurs. Beaucoup restent en poste par conviction qu'il est encore possible d'agir, mais le plus souvent ils y restent en raison de l'impossibilité matérielle de franchir le pas. La reconversion d'un professeur de français, de philosophie ou d'histoire-géographie de collège-lycée est encore plus difficile, car ces disciplines ne présentent aucun intérêt économique dans le monde actuel.

La réforme du collège qui a suivi la loi de refondation de l'école aura été la gifle de trop. Elle a synthétisé les pires méfaits, les plus vils outrages que les progressistes ont fait subir à l'école de la République depuis quarante ans, sans que personne ne les arrête. Le débat intellectuel qui doit faire émerger le vrai du faux, ou du moins les contours d'une vérité rationnelle provisoire, a été perverti dans l'arène politique, voire médiatique. Le clivage n'a plus grand-chose à voir avec des idées opposées, mais davantage avec des postures morales : il y a le camp du bien et le camp du mal. Je n'ai jamais pu vraiment débattre avec mes détracteurs, car ceux-ci me considèrent non comme leur interlocutrice, mais comme leur ennemie à qui il faut porter le coup fatal, si possible par la calom-

« Guerre aux démolisseurs » de l'école

nie ou le mensonge. Je n'ai jamais été conviée, par exemple, à débattre dans l'émission *Rue des Écoles* de France Culture, bien que mon nom ait plusieurs fois été cité par des invités pour me dénigrer. Le milieu des sciences de l'éducation est particulièrement représentatif de cette dérive du débat d'idées français où la délibération est déniée, où la confrontation des points de vue est refusée. Les injonctions à *bien penser* et les excommunications morales et intellectuelles sont constantes.

Citer le Péguy de *Notre jeunesse* est presque un acte provocateur qui oblige à être catalogué dans le camp des « réacs », ces nouveaux « ennemis du peuple ». Je serais peut-être qualifiée de « réacpublicaine » pour reprendre l'expression d'un collègue adepte de la « nouvelle pédagogie nouvelle ». Au nom de la « subversion pédagogique », il consacre une partie de son site internet à la traque des fascistes qui dominent actuellement, selon lui, le débat d'idées sur l'école[1]. C'est vrai qu'avec un peu de malchance, la reprise de votre patronyme ou une citation tronquée sur un site d'extrême droite et vous voilà dénoncé comme icône de la « fachosphère ». Citer Péguy en 2017 ne permet plus de vous rattacher au camp des démocrates dreyfusards et républicains. Quand Edwy Plenel s'approprie le Péguy dreyfusard pour en faire le parangon de la défense de la diversité aujourd'hui, on se dit que décidément la malhonnêteté intellectuelle a encore de beaux restes.

---

1. Grégory Chambat, *L'École des réacpublicains. La pédagogie noire du FN et des néoconservateurs*, Libertalia, 2016.

Génération « j'ai le droit »

D'où je parle...

Mes parents, mes enseignants, mes maîtres m'ont appris que je n'avais pas besoin de sous-titrage politique pour guider mes lectures, me dire au service de quelle opinion utiliser telle ou telle phrase. Cette assignation au camp des mal-pensants par ces inquisiteurs, précisément à l'œuvre dans la destruction de l'école, donne envie d'en assumer la charge. Ma mère n'était pas rempailleuse de chaises ni mon père ouvrier menuisier. Néanmoins je ne suis pas née dans un milieu d'universitaires, je ne suis pas « une héritière » comme l'auraient dit Bourdieu et Passeron. Mes parents ont vécu l'orientation de l'école des années 1960 où les goûts et les talents des élèves n'étaient pas pris en compte si vos familles ne connaissaient pas les rouages de l'institution. Heureusement pour eux, la croissance économique et la culture du travail dans laquelle ils avaient été éduqués au sein de familles modestes – voire extrêmement modeste et monoparentale pour mon père – leur ont permis d'évoluer professionnellement pour intégrer la classe moyenne. Ainsi, mon père qui avait commencé comme manutentionnaire a fait ensuite carrière comme cadre, puis est devenu gérant d'une TPE. Quant à ma mère, secrétaire, elle a fini sa carrière rédactrice en chef d'un journal associatif. Aucun enseignant dans ma famille.

Ce métier, je l'ai donc choisi « librement ». Très jeune, il s'est imposé à moi dans un double mouvement, émotionnel et intellectuel. Aller à l'école était un enchantement. On a coutume de dire que les

« *Guerre aux démolisseurs* » de l'école

profs sont d'anciens bons élèves. Ce n'est pas tout à fait vrai pour moi qui traînais comme un fardeau mon aversion pour les mathématiques. Mais j'investissais pleinement les enseignements littéraires. Devenir enseignante s'est construit par l'admiration que je portais à mes enseignants, pour l'essentiel des femmes. Cette admiration a enraciné non seulement mon attachement à l'école, mais surtout ma passion de la transmission. Je reconnais aujourd'hui un autre facteur à mon engagement pour l'école : mes parents ne se sont jamais interposés entre elle et moi. Ils ont toujours valorisé l'enseignant dont la parole ne pouvait, en aucun cas, être remise en cause. Cette lisibilité des statuts de chacun – les parents éduquent quand les enseignants instruisent – constitue une des plus grandes sécurités qui existe pour un enfant, une des meilleures assurances qu'il saura devenir un élève de qualité.

Scolarisée dans des écoles où la mixité sociale avait un sens concret, je n'ai fréquenté ni l'école des privilégiés ni celle des exclus. Chez moi, peu de télévision (il n'y avait que trois chaînes à cette époque), mais des rendez-vous incontournables : le vendredi soir *Apostrophes* de Bernard Pivot et le samedi *Droit de réponse* de Michel Polac. Je ne comprenais pas tout, parfois rien, mais j'avais le sentiment qu'il se passait quelque chose qui me dépassait et qui ressemblait à la vie, à la passion de la culture, à l'agora du débat d'idées dans ce qu'il avait de plus riche, de plus stimulant idéologiquement. Observez les grilles des programmes des centaines de chaînes disponibles aujourd'hui : autre temps, autres mœurs. Quel collé-

Génération « j'ai le droit »

gien ou lycéen pourrait aujourd'hui écouter Nabokov ou Modiano durant plus d'une heure ? Quel enseignant aurait même l'idée de passer un *Apostrophes* complet à ses élèves de lycée ? On se contente de morceaux choisis pour éviter qu'ils « s'ennuient », car un des présupposés de la doxa pédagogiste est que l'intelligence et la littérature sont ennuyeuses. Il faut bouter l'ennui hors des classes !

Je fus élève au début des expérimentations pédagogiques mises en œuvre par la génération de Mai 68, dont on a mis trente ans à entrevoir la toxicité. J'ai eu de la chance car il restait dans les années 1980 beaucoup d'enseignants appartenant à la génération d'avant-68. Mes profs successifs avaient plus de vingt ans de métier et ne se laissaient pas intimider par les « pédagos » proclamés directeurs de conscience du corps professoral. Ils étaient résistants aux nouvelles pédagogies d'apprentissage de la lecture et de l'orthographe. En revanche, les maths modernes et leurs ravages s'imposaient. J'ai compris, très récemment, que j'étais une des *victimes* de la pédagogie des maths modernes, comme d'autres sont devenus illettrés, broyés par la méthode globale ou semi-globale.

En écho à la résistance de ces enseignantes, par imprégnation, j'ai moi-même résisté tant que j'ai pu au pédagogisme. Mais la machine est devenue toujours plus écrasante et impitoyable pour ceux qui refusent de collaborer au grand déracinement culturel. Élèves des années 1980, étions-nous épuisés de faire des maths l'après-midi, une dictée quotidienne de plus de cinq lignes ou de la grammaire une heure avant de quitter la classe ? Parvenions-nous à

« Guerre aux démolisseurs » de l'école

caser dans nos agendas familiaux le temps de faire de nombreux devoirs, de lire des livres obligatoires, d'apprendre par cœur des leçons et des poésies de La Fontaine ou Prévert ? Je devais être trop docile, mes parents pas assez récriminateurs contre l'école qui épuise les enfants, car je ne me souviens pas que tout cela fût pesant ou ingérable. Je faisais mes devoirs seule puisque mes parents rentraient après 19 heures. Pourtant, les pédagogistes ont considéré que nous étions en grande souffrance, et ils n'ont eu de cesse d'imposer sur le temps de classe des thématiques sans grand rapport avec les savoirs fondamentaux et d'interdire les devoirs à la maison en école élémentaire.

Aujourd'hui sur six heures de cours quotidien, les élèves du primaire en consacrent souvent la moitié à faire autre chose qu'apprendre à lire, écrire, compter. Et qu'on ne vienne pas arguer qu'ils apprennent les fondamentaux à travers des ateliers ludo-éducatifs, c'est faux. Sinon comment comprendre que les résultats continuent d'être aussi catastrophiques à l'entrée en 6e avec plus de 20 % des élèves qui ne maîtrisent pas les connaissances élémentaires en mathématiques et en français ? En outre, n'ayant pas été habitués à apprendre de véritables leçons à la maison ou à faire des exercices d'application supplémentaires du jour pour le lendemain, l'arrivée au collège constitue pour certains élèves un drame absolu : ils n'ont aucune autonomie, sont incapables de gérer leur travail post-classe. J'observe chaque année avec mes 6es que près d'un tiers capitule au bout de quelques semaines, accablés par la marche à gravir, sans soutien familial, car certaines familles découvrent avec le

Génération « j'ai le droit »

collège qu'apprendre est une activité qui ne se joue pas qu'entre les murs de la classe. Ce tiers d'élèves est constitué de ceux qui ont le plus de difficultés en lecture-compréhension, nœud central de l'échec scolaire actuel que rien ne semble pouvoir enrayer.

Aujourd'hui on forme (formate) les enseignants dans les ESPE[1], hier c'était les IUFM[2]. L'autorité est une qualité indispensable, primordiale de l'enseignant. Et l'autorité ne s'apprend pas dans des livres, ne s'évalue pas lors d'un concours. De toute façon, elle ne s'enseignait pas à l'IUFM où c'était un gros mot. Certains collègues essayaient d'attraper à la volée quelques astuces pour se faire respecter des élèves, mais le bricolage ne tient pas longtemps. La culture personnelle, l'expertise disciplinaire sont un secours relatif pour l'enseignant qui ne sait pas « tenir une classe » puisque, les premières années, il sera affecté à des postes que personne ne réclame, dans des zones urbaines ou rurales où personne ne veut aller... Il lui faut pourtant incarner la fonction, installer son magistère sur les élèves. Or la pensée progressiste libertaire a discrédité l'autorité, et les formateurs IUFM se chargeaient de nous le faire savoir. Le rapport hiérarchique maître-élève était systématiquement dévalué au profit d'une médiation pédagogique d'égal à égal, comme si l'acte d'enseigner des savoirs à des ignorants relevait de la violence, voire de la maltraitance.

La pénurie de candidats dans les concours révèle qu'il faut être équipé moralement et intellectuellement

---

1. École supérieure du professorat et de l'éducation.
2. Institut universitaire de formation des maîtres.

pour s'engager dans le métier. On ne s'étonnera donc pas de la baisse du niveau de recrutement dans certains départements, en particulier pour les professeurs des écoles. Il faut renouveler le corps enseignant mais les compétences se font rares. Si le métier n'attire plus, c'est parce que l'institution elle-même en a dégoûté les acteurs de terrain. Je connais fort peu, sinon pas, de collègues qui encouragent leurs enfants à « entrer dans la carrière » ! Dans certaines disciplines désertées comme les mathématiques ou les sciences, des vacataires sont payés au Smic horaire, et n'ont pas le niveau de connaissance disciplinaire requis pour enseigner les programmes. Dans l'expérimentation récente « Plus de maîtres que de classes », il est arrivé que l'enseignant affecté en plus pour accompagner le maître de CP, CE1 ou CE2 ne soit ni volontaire, ni motivé, ni parfois même compétent puisque c'était un vacataire recruté à la dernière minute pour boucher les trous et satisfaire l'injonction ministérielle. L'essentiel est de « mettre quelqu'un devant les élèves », dit le rectorat sans broncher à des chefs d'établissement désemparés. Dès lors, comment faire respecter l'école quand l'école elle-même confie sa principale mission à des gens parfois sans formation ni compétence pédagogique ?

Premiers pas

Lors de ma première année dans un collège en zone d'éducation prioritaire de Sarcelles, je n'avais aucune appréhension. J'étais curieuse de rencontrer mes collègues. La salle des profs est un lieu stratégique, mais je me suis vite aperçue que c'était rarement un lieu d'échanges et de débats d'idées. Avec les années, j'ai compris qu'il était des sujets épineux qu'il valait mieux garder sous silence. La salle des profs n'est souvent qu'un lieu de passage où l'on récupère la paperasse administrative accumulée dans son casier, rituel qui a disparu depuis que l'essentiel des documents est transmis par mail. En revanche, un marqueur demeure dans toute salle des profs, celui de l'affichage syndical (que personne ne lit). En fonction de l'orientation politique des syndicalistes présents parmi les collègues, les mots d'ordre placardés varient mais ils émanent la plupart du temps des mêmes organisations de gauche et d'extrême gauche (FSU, Sud Éducation, CGT, SNES). Les collègues du SNALC, unique syndicat qui se veut neutre mais demeure malgré lui positionné à droite, se font en général discrets.

Malheureusement, ma passion de la transmission, mon enthousiasme pour donner aux élèves le goût de l'histoire, pour les aider à comprendre le monde allaient se fracasser contre le réel. Le réel était ce que les déracineurs produisaient méthodiquement jour après jour en faisant croire aux « petits profs » de terrain comme moi qu'ils participaient à la grande œuvre républicaine. Nous n'étions que les petits employés de la grande machine à déraciner la culture et l'histoire du cœur et des cerveaux des nouvelles générations. Qu'on ne voie dans ces propos aucun ressentiment ni désenchantement. Pour cela, il eût fallu que le réveil et les désillusions aient été brutaux, or dès le

« Guerre aux démolisseurs » de l'école

début, j'ai eu l'intuition qu'il y avait « quelque chose de pourri dans le royaume » de l'Éducation nationale, pour paraphraser Marcellus dans *Hamlet*. Après seulement un an d'enseignement, la profession de foi institutionnelle m'est apparue comme un mensonge d'État digne des heures soviétiques ou castristes. Je voyais de mes yeux la réalité : l'illettrisme de masse, le recul des savoirs disciplinaires au profit d'activités supposées en lien avec « la réalité des jeunes », la récusation de la culture classique perçue comme discriminante car « élitiste » et, *last but not least*, le culte de « la pédagogie de projet », cette activité qui consiste à noyer les savoirs dans de vaines gesticulations, mais où le prof se distrait hors des sentiers battus des programmes officiels : projet cirque, projet « peins comme Basquiat », projet « Emma Bovary était-elle végétarienne ? »…

La gauche, qui a exercé dans le domaine culturel son magistère sans le moindre contradicteur, est passée experte pour construire son endoctrinement au service de la Sainte-Alliance contre les inégalités sociales : ce qu'elle nomme « promouvoir l'égalité des chances ». La droite, de son côté, se fiche comme d'une guigne de l'école publique et a mis ses pas dans ceux de la gauche pour collaborer au grand mensonge. Les ténors de la droite et de l'extrême droite déplorent pour la forme que « l'école ne soit plus l'école », invoquant le retour de l'autorité pour se donner des airs de matamore, appelant à restaurer les savoirs fondamentaux tout en cédant aux injonctions européennes notamment par la mise en place du socle de compétences. La droite au pouvoir n'a jamais eu de projet solide pour remédier à la crise de l'école. La campagne de 2017 aura sans doute été la plus désastreuse en propositions dans ce domaine. L'essentiel était ailleurs : dénoncer le calamiteux quinquennat Hollande. C'était en effet utile dans le domaine scolaire, mais insuffisant. Il fallait déclarer la « guerre aux démolisseurs ».

2.

Ces parents d'élèves à qui l'on ment

L'institution scolaire ment aux parents. De ce mensonge, pudiquement nommé par certains un « malentendu », surgit ce conflit entre les parents d'élèves et les professionnels de l'éducation : désinvestissement des uns et des autres, quand ce n'est pas l'amertume, voire la rancœur « contre le système ». Ce mensonge s'opère depuis des années à différents niveaux, d'abord sur le niveau scolaire réel de leur enfant et en particulier à l'école élémentaire.

Nombre de mes collègues enseignant en collège se reconnaîtront ici : il m'est arrivé trop souvent de voir entrer en 6e des élèves ne sachant pas lire et comprendre un texte court et simple, ne pouvant rédiger une phrase dans une syntaxe claire, car ignorants les règles fondamentales de la grammaire et de la conjugaison devant être enseignées en CE1-CE2. Sans parler de la graphie. Enseignants de français ou d'histoire, nous sommes souvent les premiers à observer et analyser l'étendue du désastre de ce qu'on doit appeler l'illettrisme. On reçoit alors les parents dès le début d'année pour les interpeller sur cet inquiétant état de fait. Ces parents, souvent de milieux populaires mais pas toujours, sont en général stupéfaits et ne mesurent pas la gravité de la situation : « Vous n'exagérez pas un peu ? On ne m'a jamais dit ça en primaire ! La maîtresse disait qu'il avait des difficultés mais que ça allait s'arranger en grandissant, au collège. » Ces parents confrontés à des notes qui ne dépassent pas les 5 ou 7 sur 20 en début de 6e, sont stupéfaits que les profs les mettent face au niveau de leurs enfants. On peut comprendre la colère envers un système scolaire qui les a bercés d'illusions, parfois depuis la maternelle et les rappelle maintenant brutalement au réel ! Ces élèves n'ont malheureusement aucune chance de combler leurs difficultés au collège. Au contraire, l'adolescence « aidant », ces lacunes vont s'aggraver pour conduire à l'échec scolaire, voire au fameux décrochage.

Ce mensonge relève en réalité d'un mensonge plus profond et presque inconsciemment porté par le corps social : il touche au sens de l'école. Le service public d'éducation n'est pas un service public comme un autre, il vient compléter le travail éducatif des familles par le volet de l'instruction, c'est-à-dire la transmission de savoirs généraux ainsi que des principes communs qui forgent le corps social. Déjà l'école d'après-guerre avait commencé à s'éloigner du pacte républicain, en se recentrant sur des objectifs économiques plus triviaux. L'intégration à la nation commença à se perpétuer hors de l'institution scolaire, surtout à travers le récit des combats de la Résistance qui faisait sens pour les enfants nés au sortir de la guerre. La France des Trente Glorieuses qui trouve son acmé dans le jeunisme soixante-huitard, a conduit à la domination de l'individu dont l'histoire singulière, la sensibilité, les identités multiples et les aspirations ont évincé l'intérêt général. Aujourd'hui, l'institution scolaire doit d'abord répondre aux attentes des usagers directs (les élèves) et indirects (les parents, les lobbies idéologiques), ce que certains pédagogistes et sociologues appellent « la demande sociale ». Ce qui définit le « consommateur d'école », tel que Robert Ballion l'avait décrit il y a déjà trois décennies, c'est le rejet du rapport institutionnel et la mise en œuvre de stratégies scolaires, le repli individualiste[1].

Une génération déshéritée

L'école républicaine a construit une longue chaîne d'héritiers du système éducatif. Le rapport que certains parents entretiennent avec l'école relève pour une large part de celui qu'ils entretenaient au temps de leur propre scolarité. Il m'a souvent été dit par des parents d'élèves nés et éduqués en Afrique qu'ils ne verraient pas d'inconvénient à ce que les enseignants « corrigent » physiquement leur enfant en cas d'indiscipline et je me devais de leur expliquer pourquoi cela était non seulement interdit, mais aussi contre-productif. Je me souviens d'une mère, perplexe devant ma démonstration, qui haussa les épaules en disant : « Pas étonnant que l'école, ça

---

[1]. Robert Ballion, *Les Consommateurs d'école*, Stock, 1982

n'aille pas ici ! » Dans certaines cultures, l'instruction et l'éducation relèvent davantage du dressage de l'enfant exigeant une docilité sociale quasi absolue que de la formation d'un individu pour qu'il devienne un adulte libre de penser et d'agir par lui-même. Il ne s'agit pas de hiérarchiser ces conceptions de l'éducation, elles ont chacune leur sens d'un point de vue anthropologique et historique, mais il faut oser dire qu'elles sont contradictoires et quand elles se trouvent ensemble dans un même espace social, elles se confrontent et écartèlent l'enfant entre des modèles antinomiques. Les psychologues parleraient de situation de double contrainte pour l'enfant ou aussi de conflit de loyauté.

En toute logique, le parent appartient à une autre génération que celle de son enfant, et l'école qu'il a connue élève ne correspond plus à celle qu'il connaît en tant que parent. Ceci est montré par certaines enquêtes d'opinion, comme celle de l'Ifop pour *L'Édition du soir* réalisée en 2014 qui révèle que lorsque les parents d'élèves repensent à leur propre parcours scolaire, les deux premières valeurs citées, transmises par l'école, sont l'envie d'apprendre et le sens de la discipline, alors qu'ils considèrent pour leurs enfants, aujourd'hui, que l'école communique d'abord la peur de l'échec et le dégoût des études. Le sens de la discipline arrive en dernière position du sondage. On observe ici cette dégradation importante de la représentation de ce qu'est un parcours scolaire épanouissant. On peut toujours conspuer le pessimisme des parents, le caricaturer en déclinisme, bref être dans le déni d'un constat largement partagé : l'école est aux prises avec de sérieuses difficultés qui concernent tant de la représentation de son sens que de la réalisation concrète de sa mission fondamentale.

L'ère du soupçon

À l'instar d'autres domaines, l'institution scolaire est entrée dans l'ère du soupçon : le discrédit qui la frappe est d'autant plus inquiétant qu'il fait consensus. On a l'impression que certains se délectent du nouveau marronnier que constitue la régulière publication des études PISA qui rappellent chaque fois que la France est à la traîne, que son système scolaire est le plus inégalitaire de toute l'OCDE, etc. Taper sur l'école, et accessoirement sur les enseignants, la rendre responsable de tous les maux et de toutes les inégalités sont des réflexes qui évitent d'interroger les facteurs exogènes qui participent à diffuser cette profonde crise de confiance. On a même entendu, après les attentats de 2015, des personnalités se tourner vers l'école pour demander des comptes sur les ratés éducatifs qui auraient causé la radicalisation des assassins ! Des dizaines de milliers de jeunes quittent notre système scolaire sans diplôme et sans la moindre espérance d'être remis sur les rails pour une insertion professionnelle digne, rarissimes sont ceux qui deviennent des djihadistes. Sans parler des cas de lycéens bien intégrés scolairement qui, un jour, décident d'aller rejoindre les hordes barbares de l'État islamique. La quête religieuse personnelle d'individus sans repères (d'abord familiaux) et la rencontre avec l'islam politique radical me semblent davantage à analyser ici que les manquements de l'école républicaine.

Les penseurs de la déconstruction des années 1960 ont créé les conditions de la méfiance à l'égard de l'école, identifiée comme le haut lieu de l'arbitraire culturel – pour reprendre le vocabulaire bourdieusien – imposé par les classes dominantes bourgeoises. Pour les penseurs de la *French Theory* et leurs actuels continuateurs, la méritocratie républicaine est un mensonge institutionnel de la bourgeoisie blanche à l'égard des classes populaires condamnées à être exclues de la culture scolaire, puisque les enfants des milieux défavorisés ne sauraient venir concurrencer les héritiers. Cette caricature de l'école républicaine reste prégnante dans certains courants militants enseignants qui ont transféré idéologiquement l'objet « classes populaires exclues » vers l'objet « classes populaires des quartiers sensibles ». Ce que j'appelle le pédagauchisme est devenu la doxa d'une minorité militante de collègues, bien insérés dans l'Université des sciences sociales, pour qui l'école est le lieu où se rejoue non plus l'arbitraire culturel des bourgeois de Bourdieu, mais le système colonial, de préférence celui qui régnait en Algérie française. Désormais, l'institution scolaire n'est plus seulement le lieu symbolisant l'entre-soi bourgeois, il est aussi celui d'un racisme quasi atavique de la République. L'échec des élèves nés de parents étrangers, en particulier si ces derniers ont émigré d'un pays ayant appartenu à l'empire colonial français, serait dû à un racisme larvé que l'institution scolaire porte en elle comme un péché originel depuis Jules Ferry. À aucun moment ces pédagauchistes n'ont envisagé que les difficultés scolaires de plus en plus criantes des élèves d'écoles en zone prioritaire exprimaient aussi un hiatus entre les représentations culturelles de l'école, la compréhension de l'enjeu des apprentissages de certaines de ces familles et celles portées par la population générale.

Les parents ont peu conscience, ou connaissance, de la radicalité de cette pensée déconstructrice sur l'école opérée par ceux qui étaient censés la servir. Ce que certains nomment « le divorce » des parents avec l'école relève d'abord d'un malaise sociétal général, et non d'un conflit spécifique à la seule question scolaire. La méfiance et le discrédit que tant de parents expriment envers l'école publique sont l'expression d'une défiance collective à l'égard des institutions de pouvoir. Ce ne sont donc pas des actions cosmétiques et symboliques pour rapprocher les parents et l'école qui restaureront l'indispensable confiance. C'est davantage la façon dont une société se regarde comme un corps social uni à travers ses institutions publiques.

Jusqu'aux années 1970, le principe civique républicain faisait l'unanimité au nom de l'intérêt général, au nom d'un bien commun collectif que personne n'aurait osé remettre en question pour servir des intérêts individuels particuliers. Parents, élèves et enseignants se plaignent les uns des autres précisément parce que le bien commun éducatif a disparu, qu'il a laissé la place au clientélisme, aux corporatismes, aux particularismes. Comment espérer créer ce que l'on nomme pompeusement une « communauté éducative » lorsque le pacte social qui doit la fonder repose sur autant de lieux communs que de démagogie – de la part des politiques – et d'aspirations contradictoires ?

Parents coupables

Je serais en peine de risquer une typologie du parent d'élève. Je peux tout au plus témoigner de mon expérience, ayant croisé la route d'un grand nombre de parents, notamment en qualité de professeur principal de 3e pendant presque toute ma carrière. Il y a ceux qui font confiance aux enseignants et sont « distants » dans leur rapport à l'école. Ils répondent aux demandes administratives de base, mais ne cherchent pas à développer une quelconque relation de « partenariat » avec les enseignants. Leur confiance réfère soit d'une volonté de ne pas avoir à s'impliquer dans un quelconque suivi scolaire, soit d'une adhésion idéologique au projet de l'école publique qu'il ne leur vient pas à l'esprit de contester. Ces derniers reconnaissent en général l'expertise des enseignants et remettent rarement en cause le magistère du maître. Puis, il y a ceux, toujours plus nombreux, qui se considèrent « usagers » du service public. Il est intéressant de savoir que le terme d'usager pour désigner les parents d'élèves date d'une circulaire ministérielle de 1932... L'usager tire profit d'une prestation fournie par le service public d'éducation et bénéficie de droits spécifiques attachés à

Ces parents d'élèves à qui l'on ment

cette qualité, oubliant souvent ses devoirs ou refusant de s'en acquitter au motif que le service rendu ne répond pas à ses attentes. Ces parents-là sont prompts à récriminer et portent un regard négatif sur l'école, coupable de tous les maux, peuplée d'enseignants incompétents ou fainéants, tantôt laxistes, tantôt autoritaires, tantôt racistes. On distingue parfois mal si ces parents « usagers » se comportent comme des administrés, des citoyens, des clients ou des consommateurs d'école. Enfin, il y a ceux que l'on ne voit jamais, qui ne répondent pas aux demandes administratives les plus simples, soit parce qu'ils se désintéressent de l'école pour des raisons personnelles, soit parce qu'ils en ont peur et ne sont convoqués que lorsque leur enfant pose problème ou connaît de graves difficultés scolaires. En général, les enseignants aimeraient rencontrer ces parents, mais l'institution demeure incapable de les mobiliser. Il ne reste dans certains cas que le signalement aux services sociaux pour interpeller certains parents notamment sur l'absentéisme chronique de leur enfant, véritable fléau dans la plupart des établissements du secondaire.

Il ne s'agit plus, comme à la fin du XIXe siècle, d'arracher l'enfant à sa famille qu'on suppose faire obstacle à l'émancipation du futur citoyen. C'est même une vision caricaturale de l'école incarnée par Jules Ferry qui n'a jamais eu pour fonction affichée de se substituer aux familles. Mais les *pédagauchistes* notamment se plaisent à diffuser cette caricature. Il serait bon que soit posé et admis une fois pour toutes que les familles portent la charge d'éducation, quand l'école porte celle d'instruire et d'intégrer collectivement des individus à la nation. La famille et l'école, dans une relation de partenariat, ont pour rôle, chacun avec des moyens singuliers non transférables à l'autre, de rendre l'enfant capable de faire coexister ses identités particulières sociales, culturelles ou idéologiques avec une identité citoyenne qui le rattache à la nation française.

L'école est la maison de la culture qui permet à l'enfant de s'ouvrir sur un autre univers que celui que lui propose sa famille. C'est particulièrement nécessaire pour les milieux populaires où la curiosité sur le monde et l'ouverture culturelle font davantage défaut. L'école vient en complément et non en substitution du terrain familial. Parents-éducateurs et enseignants-instructeurs : il n'existe aucun conflit de loyauté si chacun est dans son rôle et que l'école s'attache à transmettre les savoirs fondamentaux pour découvrir le monde, son imaginaire et ses réalités. D'ailleurs, des enquêtes comme celle réalisée récemment par BVA pour le journal *La Croix* et l'APEL[1] montrent que les deux premières missions de l'école, selon les parents sont de transmettre les savoirs fondamentaux et faire acquérir à l'élève des méthodes de travail. L'épanouissement de l'élève, le travail collaboratif ou la formation citoyenne ne sont pas perçus comme des rôles essentiels puisqu'ils incombent davantage à la sphère familiale selon les personnes interrogées. De même, l'enquête réalisée par Opinion Way[2] confirme

---

1. Association de parents d'élèves de l'enseignement libre.
2. Sondage réalisé pour Les Semaines sociales de France, les Apprentis d'Auteuil et le journal *La Croix*.

que pour 77 % des parents, l'école est le lieu d'apprentissage des savoirs fondamentaux et ensuite seulement le lieu d'apprentissage de la vie en société. Ainsi, seulement 18 % de l'échantillon interrogé considèrent que l'engagement dans la scolarité est le premier rôle des parents. Le parent se considère comme un éducateur, chargé de garantir l'épanouissement de l'enfant d'assurer sa protection physique, morale et affective, de lui apprendre à vivre avec les autres et de l'aider à construire sa vie. Lorsqu'on demande aux parents vers qui ils se tournent prioritairement en cas de difficulté, ils évoquent à 62 % la famille et seulement 16 % l'école. On relèvera aussi avec intérêt que la mère est majoritairement identifiée comme ayant le plus d'influence sur l'éducation, loin devant le père (22 %) et l'école (6 %).

La première « communauté éducative » à laquelle appartient l'enfant est donc sa famille. L'école doit travailler avec les familles, elle n'a aucune légitimité ni moyen de se substituer à elle. D'autant que si elles sont complémentaires dans la construction de l'individu, familles et école n'en poursuivent pas moins des objectifs différents. Or, l'école ne sait précisément plus pourquoi elle instruit, et les parents sont nombreux à exprimer leurs difficultés à éduquer. Plus personne n'est véritablement dans son rôle et l'enfant se retrouve, d'une certaine façon, livré aux bavardages et aux bruits du monde sans avoir les clés pour le décrypter ou s'en protéger. Certains pédagogues ont d'ailleurs trouvé la parade : l'enfant apprendrait mieux, gérerait mieux les conflits, si un pair l'encadrait... D'où la floraison d'initiatives telles que le travail collaboratif entre élèves ou la « médiation entre pairs » dans lesquels l'adulte ne joue plus d'autre rôle que celui de spectateur, adoptant une posture la plus neutre et fantomatique possible.

De l'Instruction publique à l'Éducation nationale

En juin 1932, la disparition du ministère de l'Instruction publique et des Beaux-Arts renommé ministère de l'Éducation nationale annonçait une confusion des rôles qui n'a cessé de s'accentuer depuis les années 1960. L'éducation nationale telle que l'imaginaient certains penseurs des Lumières se voulait globalisante et égalitariste, les familles n'y avaient aucune place. D'autres, comme Condorcet, estimaient que l'école relevait de la puissance publique, seule capable de garantir son indépendance à l'égard du pouvoir religieux et du pouvoir politique au sens trivial du terme. L'école était perçue comme un abri où l'enfant pourrait être instruit pour devenir un citoyen. L'instruction publique « éclaire et exerce l'esprit », écrivait Rabaut Saint-Étienne en décembre 1792. Elle est donc naturellement anticonformiste et résolument rationnelle puisqu'il s'agit de « former d'abord la raison, instruire à n'écouter qu'elle, à se défendre de l'enthousiasme qui pourrait l'égaler ou l'obscurcir[1] ». Condorcet avait une vision rationnelle de l'identité nationale : l'adhésion à la nation n'était pas consi-

---

1. Condorcet, *Cinq mémoires sur l'instruction publique*, GF, 1994, p. 29.

Ces parents d'élèves à qui l'on ment

dérée comme innée mais comme un acquis indéracinable. On est loin, très loin des discours creux actuels sur la « transmission des valeurs républicaines » par une école publique qui se refuse paradoxalement à valoriser l'attachement à la nation par la transmission de son héritage historique et culturel. Or c'est précisément par l'enracinement d'une citoyenneté raisonnée que l'individu fait sienne l'appartenance à une communauté nationale.

C'est pourquoi l'émancipation de l'individu par la raison et les savoirs (autrefois appelés les humanités) est au cœur de la mission de l'école, et beaucoup d'enseignants s'en sentent orphelins. Ils sont tiraillés entre les représentations de l'éducation libérale nationale des pères de la IIIe République et celles plus récentes nées de la révolution culturelle soixante-huitarde. Derrière le masque d'un intellectualisme bavard au service de la libération des masses opprimées, la génération 1968 aspirait à déconstruire l'héritage moderne des Lumières. Ces profondes divergences sur la mission fondamentale de l'école expliquent en partie le mal-être « philosophique » des enseignants et l'incompréhension des parents.

Le développement de l'enseignement privé a joué un rôle indéniable dans cette confusion entre éducation et instruction au sein de l'école publique. Si pour certains parents l'inscription de leur enfant dans le privé relève d'enjeux sécuritaires, ils cherchent pour la plupart dans l'école privée ce qu'ils attendaient de l'école publique : le respect de l'autorité du maître, l'instruction, le goût de l'effort et la juste récompense pour celui qui l'accomplit, ou encore une ouverture culturelle ambitieuse. Ces parents qui ont choisi l'école privée ignorent peut-être que l'immense majorité des enseignants de l'école publique n'aspire aussi qu'à cela, mais ils sont découragés ou prisonniers de l'idéologie pédagogiste contre laquelle le ministère et ses corps constitués n'ont jamais osé lutter.

Briser l'autorité enseignante

Le Code civil confère aux parents « des droits et des devoirs ayant pour finalité l'intérêt de l'enfant[1] ». Les parents sont les premiers responsables de l'enfant, et quand on parle d'autorité parentale, on se réfère aux décisions éducatives prises au bénéfice de l'enfant. En 2011, la Direction générale de l'enseignement scolaire avait jugé utile de publier une brochure intitulée « L'exercice de l'autorité parentale en milieu scolaire » dans laquelle étaient détaillées les modalités de son fonctionnement. On pourrait s'étonner de voir l'institution rappeler aux familles l'exercice de l'autorité parentale, mais cela est révélateur de la confusion ambiante sur les rôles de chacune. Au cours de ma carrière, j'ai constaté les difficultés auxquelles était confronté le parent qui assurait seul l'autorité parentale, le plus souvent les mères, du fait de l'absence (permanente ou intermittente) de l'autre parent ou de relations conflictuelles. On pouvait attendre de cette brochure qu'elle éclaire les rôles respectifs des

---

1. Article 371-1 du Code civil.

parents et du corps enseignant, mais il n'en est rien : il s'agit d'un document informatif d'ordre juridique sur les actions administratives qui régulent le rapport du parent à l'école.

Quand l'Éducation nationale déclare – ou plutôt décrète – que les parents « ont avec les établissements scolaires [...] des relations régulières et de qualité placées sous le signe de la confiance[1] », on hésite entre l'incantation et la méthode Coué. En 2010, l'institution scolaire a proposé avec l'Onisep des ressources pour renforcer ce lien sous la forme d'une « mallette des parents », à mi-chemin entre la boîte à outils et le prêt-à-penser pour les équipes pédagogiques. Son objectif est formulé dans la novlangue d'aujourd'hui : « construire du lien de confiance avec les parents ». Les consignes faites aux enseignants pointent autant les difficultés à repenser la relation entre l'école et les familles que la posture de l'enseignant attendue par l'institution. Ainsi, on peut lire que, lors des réunions d'accueil, il faut éviter « les réunions trop descendantes », ce qui suppose que toute position d'autorité doit être effacée. De même, lorsqu'un enseignant anime une réunion, il doit se garder d'être « un donneur de leçons ». C'est cela « trouver le ton juste » selon les rédacteurs de cette « mallette des parents ».

On invite ensuite les enseignants à « changer de regard pour changer de posture » vis-à-vis des

---

1. Site officiel Éduscol, « Les parents et l'école », onglet « Vie des écoles et établissements scolaires », rubrique « Co-éducation » puis « Parents d'élèves ».

parents. C'est beau comme une publicité pour la « méditation de pleine conscience »... L'institution considère que « notre posture professionnelle et ce que nous représentons aux yeux des parents rendent la relation que nous avons avec eux nécessairement déséquilibrée. Sans en avoir conscience, nous tenons à leur endroit un "discours d'autorité" qui souligne trop souvent leurs prétendus déficits, carences éducatives par rapport à une norme scolaire qui est socialement la nôtre[1] ». On retrouve ici en substance le discours sur la violence symbolique de la culture bourgeoise des enseignants. Les rédacteurs de la mallette vont plus loin en parlant d'une tendance des enseignants à émettre un jugement moral qui revêt « une dimension compassionnelle, voire culpabilisante ou méprisante ou qui est ressentie comme tel », c'est ainsi que « la pression normative de l'école » que subissent les parents les pousse à se désinvestir. Une fois de plus, le corps enseignant est tenu pour responsable de la démobilisation ou du désintérêt de certaines familles pour l'école. J'ai pourtant le souvenir d'innombrables sollicitations courtoises et positives, vers des parents qui ne prenaient jamais la peine de nous répondre. Avions-nous eu le temps d'être culpabilisants ou méprisants du haut de notre estrade puisque nous ne les avions jamais rencontrés ? Les rédacteurs de ces fiches-outils en appellent à « saisir le sens subjectif de l'action du parent et de l'institution », ce qui ne sera pas aisé, étant donné

---

1. Site Onisep.fr, « La mallette des parents », rubrique « Construire la confiance ».

Ces parents d'élèves à qui l'on ment

que le débat sur le sens objectif de ces actions n'est toujours pas tranché. Alors pour le « sens subjectif »…

J'ignore si beaucoup d'enseignants seront capables d'une telle prouesse, mais force est de constater l'influence de la notion du « décentrement » : la doxa professionnelle invite perpétuellement le professeur à « se décentrer de son objet », qu'il s'agisse du fait historique, de la règle grammaticale, de la théorie mathématique. À force de se décentrer, on perd tout sens des repères. De la même façon, le rapport à l'élève est aujourd'hui soumis à l'expression d'une « pédagogie positive » inspirée des méthodes de développement personnel et du coaching. L'écoute à l'égard des parents consisterait à « accueillir positivement leurs paroles sans pour autant y souscrire[1] ». On a l'impression que ceux qui rédigent de telles consignes, quelque peu infantilisantes pour les enseignants, n'ont jamais assisté à un entretien parent-prof. Dans l'immense majorité des cas, l'échange se fait selon les règles de la courtoisie, chacun mettant sur la table les informations dont il dispose pour accompagner l'enfant. On peut reprocher aux enseignants bien des choses – dans le champ pédagogique en particulier –, mais certainement pas d'être les principaux responsables de la démobilisation des parents à l'égard du suivi scolaire de leurs enfants.

Il existe en revanche une catégorie de parents, minoritaire mais envahissante, qui fait l'unanimité contre elle auprès des enseignants : ceux qui ont

---

1. *Ibid.*

engendré la génération « J'ai le droit ». La pomme ne tombe jamais loin de l'arbre. Ces récriminateurs permanents guettent la moindre occasion pour mettre en cause l'institution de ne pas être à la hauteur, harcèlent les chefs d'établissement et les enseignants aux prétendus motifs de défendre les droits bafoués de leur enfant. Une fois dans ma carrière, j'ai eu à le subir. J'avais sans doute mal évalué la capacité de certains élèves de la classe à saisir l'ironie ou l'humour noir, que je manie parfois dans l'exercice de mon métier. Une élève de 3e avait pris mes remarques au premier degré. Elle était peu motivée par son orientation puisque ses parents lui avaient promis de la « mettre dans le privé » si le collège ne lui accordait pas son passage en classe de Seconde. Elle obtint, malgré ses résultats médiocres, le Graal du passage en seconde générale, et probablement décrocha-t-elle le brevet des collèges aussi largement distribué que le baccalauréat. Quelle ne fut donc pas ma surprise à la rentrée suivante, alors que cette jeune fille n'était plus dans les effectifs, d'apprendre que sa mère avait pris l'initiative de « signaler mon comportement abusif » au recteur via l'inspecteur d'académie. La mère avait accompagné son signalement des témoignages de quatre autres parents dont je n'avais jamais eu les enfants en classe et qui pour deux d'entre eux avaient préféré garder l'anonymat ! On trouvait également dans ce dossier des lettres à charge de représentants d'associations de parents d'élèves, en l'occurrence la PEEP et la FCPE, qui n'avaient pas pris la peine d'engager le dialogue avec moi. Voilà pour ce qui est de « la culture du dialogue et de la médiation parents-enseignants » ! Tout en étant saluée pour mon engagement professionnel, il m'était reproché « une attitude empreinte de cynisme » et « des propos acerbes », ce qui expliquait que le calme régnait dans mes classes, puisque plus aucun élève « n'osait prendre la parole ». Compte tenu des calomnies dont je faisais l'objet, j'avais mis un point d'honneur à répondre moi-même au recteur et à contraindre la chef d'établissement à organiser une rencontre avec la PEEP et la FCPE au regard de leurs obligations partenariales avec le monde éducatif. Les accusations portées étaient d'ordre personnel et établies sur des considérations psychologiques. Elles n'eurent pas de suite. Le récit de cet incident a valeur d'exemple, est révélateur du pouvoir de nuisance que certains parents s'arrogent contre les enseignants dont ils n'apprécient pas la personnalité. Mes collègues furent d'autant plus exaspérés que nous avions quelques enseignants parfaitement incompétents dans le collège qui n'avaient jamais fait l'objet d'aucune plainte. Était-ce dû au fait qu'ils assuraient la paix sociale à coups de notes surévaluées ?

À cette occasion, m'est revenu le souvenir d'avoir eu moi-même des enseignants parfois méprisants ou incompétents, et si je m'en étais plainte parfois à mes parents, leur réponse fut toujours celle de la raison : « Il faut s'habituer, dans la vie on ne rencontre pas toujours des gens avec qui on s'entend, parfois tu devras obéir à des gens insupportables, c'est comme ça. » Dans notre société de la récrimination permanente et du refus de l'autorité, une telle attitude classerait aujourd'hui mes parents dans le camp des réacs !

Un dialogue forcément conflictuel ?

Le récit qui précède n'est pour moi qu'une anecdote concernant la conflictualité à l'école, moins significative au regard de celle que j'ai pu connaître avec certains élèves violents qui en arrivaient aux mains. Dans ces cas, les enjeux sociétaux me semblaient beaucoup plus graves. Néanmoins, on ne peut balayer d'un revers de main la violence de certains parents à l'égard de l'institution, comme l'ont montré les deux études, à six ans d'intervalle, de Georges Fotinos, chercheur et ancien inspecteur d'académie chargé de mission interministérielle sur le champ famille-école[1]. Reprenant l'idée du sociologue François Dubet d'un « malentendu » entre parents et enseignants, il va plus loin en essayant d'évaluer la violence parentale qui peut prendre parfois la forme d'agression contre les personnels enseignants ou la direction. S'il souligne que les agressions physiques restent extrêmement « isolées », il relève l'augmentation des violences verbales, menaces et harcèlement moral.

Le ministère, longtemps dans le déni, a commencé au tournant des années 2010 à enquêter sur cette

---

1. En 2010 dans *Parents et profs d'école. De la défiance à l'alliance* (sous la dir. de Dominique Sénore, Lyon, Chronique sociale) et en 2015 *Le Divorce école-parents en France*.

Ces parents d'élèves à qui l'on ment

violence éclairant un certain nombre de causes : les différends liés aux notations, aux orientations proposées, les sanctions infligées. Pour l'essentiel, ces conflits opposent les parents aux enseignants et plus marginalement aux chefs d'établissement[1]. En dix ans, les dossiers traités par le médiateur de l'Éducation nationale ont augmenté de 100 %.

Ainsi, même si l'enquête de 2015 révèle des évolutions positives sur l'appréciation du climat scolaire et la qualité des relations entre parents et enseignants, Fotinos fait part d'un certain nombre de « sources d'inquiétude […] qualifiées de signaux à bas bruit ». Sont soulignés le comportement agressif d'une forte minorité de parents, le « désintérêt quasi majoritaire pour la vie de l'école, l'émergence d'une carence d'éducation parentale au respect des valeurs de l'école républicaine »[2], ou encore les difficultés d'une grande partie des parents pour aider leurs enfants dans les devoirs à la maison. Lorsqu'il évoque l'existence de la violence envers les enseignants et les chefs d'établissement, Fotinos dégage des éléments explicatifs tels que le culte de l'enfant roi qui fait que « la parole de l'enfant l'emporte sur celle du professeur », la « perte de prestige et du magistère des enseignants », ainsi que les vœux des parents qui aspirent à voir leurs enfants aller loin

---

1. Rapport 2011 du médiateur de l'Éducation nationale piloté par la Direction de l'évaluation, de la prospective et de la performance du ministère de l'Éducation nationale (DEPP).
2. Georges Fotinos, *Le Divorce école-parents en France*, *op. cit.*, p. 39.

dans la vie, à réussir à tout prix. Pour autant, l'étude sonne l'alarme sur le fait que la moitié des parents ne lisent pas les documents administratifs transmis par l'établissement, ne se sentent pas concernés par la vie scolaire de leur enfant.

Or, selon Fotinos, l'école doit créer un climat « accueillant et bienveillant pour les parents » et ces derniers doivent être conviés à participer à « l'élaboration et la mise en œuvre de projets éducatifs »[1]. On touche là aux limites du concept de « coéducation ». Le chef d'établissement et les équipes d'enseignants sont mis sur un plan d'égalité d'expertise avec les parents d'élèves. Encore une fois, c'est la confusion des rôles si préjudiciable à un environnement sécurisant pour les élèves. Les adultes refusent d'assumer leurs fonctions respectives et singulières parce qu'ils considèrent qu'elles expriment d'intolérables hiérarchies sociales. Pour ma part, les parents ont un rôle, les enseignants un autre. La complémentarité de ces responsabilités ne signifie pas l'abolition d'une préséance du rôle des enseignants quand il s'agit de l'élève.

Dans certains domaines, l'éducation des parents est primordiale, dans d'autres, c'est la transmission des savoirs et de la culture qui se révélera décisive. Si l'on prend le cas d'Albert Camus, il doit tout autant à sa mère, illettrée et à demi sourde, qu'à son instituteur, qui lui a permis de se présenter à la bourse des lycées et collèges, lui ouvrant la voie jusqu'au baccalauréat. Ce dernier écrit à Camus en 1959 : « Ton

---

1. *Ibid.*, p. 60.

plaisir d'être en classe éclatait de toutes parts. Ton visage manifestait l'optimisme. Et à t'étudier, je n'ai jamais soupçonné la vraie situation de ta famille. Je n'en ai eu qu'un aperçu au moment où ta maman est venue me voir au sujet de ton inscription sur la liste des candidats. Mais jusque-là tu me paraissais dans la même situation que tes camarades. Tu avais toujours ce qu'il te fallait. Comme ton frère, tu étais gentiment habillé. Je crois que je ne puis faire un plus bel éloge de ta maman[1]. »

Et Camus rappelle ainsi qu'un enfant « n'est rien par lui-même, ce sont ses parents qu'il représente. C'est par eux qu'il se définit, qu'il est défini aux yeux du monde[2] ». Le rôle du maître est de donner à chacun de ses élèves « la plus haute considération » en les jugeant « dignes de découvrir le monde »[3].

Bien sûr, les *pédagauchistes* s'étrangleront à cette référence à l'école de Monsieur Germain dans l'Algérie coloniale des années 1920. Aucune nostalgie de ma part, la grande littérature est intemporelle, universelle, et l'école de 2017 compte encore des Monsieur Germain. J'en ai croisé et je connais nombre d'élèves qui leur sont redevables de les avoir « arrachés au monde innocent et chaleureux des pauvres, monde refermé sur lui-même », sans jamais avoir manqué de respect pour le milieu familial auquel ils appartenaient. C'est d'ailleurs là que réside mon exaspération à entendre ou lire ces

---

1. Albert Camus, *Le Premier Homme*, Folio, 1994.
2. *Ibid.*, p. 122.
3. *Ibid.*, p. 164.

collègues idéologues qui s'en prennent à la méritocratie républicaine, aux enseignements culturels les plus exigeants comme les langues anciennes ou la musique classique, à l'enseignement disciplinaire, à l'histoire-récit, à l'orthographe et la grammaire qui seraient des outils de discrimination sociale. Tous ces arguments ne servent qu'à préserver l'immuabilité d'un ordre social inégalitaire, ayant débouché sur la fracture identitaire que nous connaissons. Cet ordre social inégalitaire leur permet d'exister en tant que porteurs exclusifs d'une fausse morale sociale. En réalité, ils aspirent, souvent au nom d'un antiracisme dévoyé, à conserver tout ce qui peut maintenir les enfants des milieux populaires dans un entre-soi qui leur interdit d'assouvir cette « faim de la découverte » dont parlait Camus. Ils ne semblent pas vouloir que ces enfants franchissent les frontières de leur quartier, de leur cité, pour adopter les codes sociaux de la majorité. Pendant ce temps, ils (et leurs enfants) possèdent ces codes et les surexploitent pour mieux en priver les élèves des milieux populaires qui ne sont rien d'autre que leur fonds de commerce politique.

Vers les pleins pouvoirs aux parents ?

Se demander si le parent est différent du parent d'élève revient à poser la question d'une différenciation qui s'inscrit dans une longue histoire des rapports de l'institution scolaire avec les familles. De la loi de

Ces parents d'élèves à qui l'on ment

1882 jusqu'aux années 1930, l'obligation scolaire était la seule obligation des parents, et d'une façon plutôt coercitive puisque les conséquences judiciaires pour les parents qui ne justifiaient pas des absences de leur enfant ou cherchaient à les en soustraire étaient particulièrement lourdes, au regard de ce que nous connaissons aujourd'hui[1].

L'objectif des pères de la IIIe République était surtout de soustraire l'enfant à l'influence de l'Église et des parents, ces derniers étant considérés comme les héritiers de l'ordre ancien incarné par la puissance cléricale. Émile Durkheim considérait ainsi que les familles étaient le lieu où « les forces obscures de la religion » dominaient, idée que l'on retrouve chez le philosophe et enseignant Alain. Cette position de l'école s'atténue après la Première Guerre mondiale où les premières associations de parents d'élèves apparaissent. Dès lors l'institution scolaire change. Le Code Soleil, rédigé en 1923 par Joseph Soleil, un chef de ministère, en association avec le Syndicat national des instituteurs, évoque la nécessité d'une « véritable collaboration » entre les familles et l'école pour « faire naître entre eux des liens de confiance mutuelle et de sympathie, d'estime[2] ». Et, en 1942, une circulaire ministérielle appelle les directeurs d'établissements secondaires à associer les parents

---

1. Comparution des parents devant la commission scolaire ; plainte devant les tribunaux pouvant conduire à des contraventions, voire des journées de prison.
2. Cité dans Georges Fotinos, *Le Divorce école-parents en France*, *op. cit.*, p. 175

aux réunions, notamment pour les décisions relevant des horaires !

Contrairement aux idées reçues, l'école républicaine n'a donc pas attendu Mai 68 pour évoluer dans son rapport aux parents. Néanmoins, les mutations sociales et culturelles post-68, qui ont conduit à l'idolâtrie de la jeunesse et au culte de l'enfant roi, ont exercé sur l'école publique une pression qu'elle n'a pas pu gérer. Elle-même était soumise à des changements profonds comme la concurrence de l'enseignement privé. L'entrée des parents d'élèves dans les conseils d'école et conseils d'administration des établissements secondaires après 1968 marque bien ce basculement vers un partage du pouvoir entre l'institution et les familles, synonyme encore aujourd'hui pour beaucoup de directeurs d'établissement et d'enseignants d'une dépossession de leur expertise professionnelle. J'ai souvent noté que mes collègues appréciaient d'autant plus les représentants des parents d'élèves élus que ces derniers étaient acquis par avance au projet de l'établissement. Dans ces réunions, comme pendant les conseils de classe, l'avis des parents reste souvent consultatif ou purement informatif. Diverses enquêtes ont par ailleurs révélé que le représentant de parents d'élèves est engagé prioritairement dans le suivi du parcours de sa propre progéniture (éventuellement des camarades de celui-ci), plutôt que dans un projet partagé pour la vie de l'école. Mais, j'ai pu vérifier lors des conseils de classe qu'en dépit des efforts de beaucoup de ces représentants élus, ils ne parvenaient pas à susciter l'intérêt des parents de la classe. En général, seuls

Ces parents d'élèves à qui l'on ment

deux ou trois parents répondent aux sollicitations de leurs représentants élus pour préparer le conseil de classe, ce qui est révélateur d'un désengagement généralisé.

En 1975, lors d'une table ronde intitulée « L'école et l'enfant créateur », Claude Levi-Strauss avait eu cette analyse ô combien pertinente : « Fidèle encore à l'ancienne formule, l'école se voit débordée de toutes parts et, du fait que la famille a perdu une de ses fonctions essentielles, l'école ne peut plus prolonger cette fonction et l'élargir. Elle n'est plus en mesure de servir, comme autrefois, de relais entre le passé et le présent dans le sens vertical et, dans le sens horizontal, entre la famille et la société. » Quand en 1989, date charnière dans l'histoire récente de l'enseignement, la loi d'orientation sur l'éducation de Lionel Jospin introduit la notion de « communauté éducative », cela parachève ce projet d'abolition de hiérarchie des rôles en mettant enseignants, parents et élèves sur le même plan quant à leur participation à la vie de l'école. Cette loi fut un moment capital de dépossession du pouvoir d'orientation des enseignants et des chefs d'établissement puisqu'il était dit textuellement que « nul ne peut décider à leur [les parents] place ». Si dans les faits on sait que le principal, le proviseur ou l'enseignant peuvent encore exercer une influence sur certains parents concernant les décisions d'orientation majeures, ce rôle est aujourd'hui réduit à peau de chagrin. L'influence des experts de l'éducation est globalement disqualifiée au motif qu'il existerait quelques décisions d'orientation arbitraires ne tenant pas compte des aspirations de

Génération « j'ai le droit »

l'élève au regard de ses capacités[1]. En effet, un faible pourcentage des trains n'arrive pas à l'heure...

En voulant faire des parents les collaborateurs des enseignants, la loi Jospin a contribué non pas à assouplir les rapports entre l'école et les familles, mais au contraire à les durcir, comme en témoigne le nombre de livres publiés dans les années 1990 autour de l'impossible dialogue entre l'école et les parents. Comme souvent à l'Éducation nationale, au lieu de nuancer et trouver le meilleur compromis, on a préféré jeter le bébé avec l'eau du bain en accordant aux parents les quasi pleins pouvoirs sur l'orientation scolaire de leurs enfants, parfois en dépit de leur niveau de connaissances. D'ailleurs, la ministre Vallaud-Belkacem prévoyait aussi d'accorder aux parents le dernier mot dans la décision d'orientation à l'issue de la 3e, ce que la fin de son mandat aura heureusement permis d'éviter.

Pour ma part, en tant que professeur principal de 3e, j'ai de trop nombreuses fois été confrontée à des parents refusant les choix de leur enfant pour un métier manuel qui orientait vers la voie professionnelle. Ils nous obligeaient à l'orienter en lycée général et nous ne pouvions rien y faire. Je me rappelle ainsi cet élève de 4e dont les résultats étaient corrects et qui rêvait de devenir jardinier-paysagiste. Il nous aura fallu travailler de longs mois avec la famille pour

---

1. L'ouvrage *Pourquoi moi ?* sous la direction de François Dubet (Seuil, 2013) fait accroire que lors des conseils de classe, à bulletins identiques, les enseignants défavorisent les élèves quasiment au faciès ou stigmatisent les redoublants !

qu'elle accepte de le voir rejoindre un prestigieux lycée agricole après la 3ᵉ. Jusqu'au bout, ils exprimèrent leur déception, ce qui fut sans doute douloureux pour cet élève. Cette même année, j'avais dû user de tous les arguments possibles pour convaincre des parents d'envoyer leur fille, ayant d'excellents résultats, dans un lycée plus prestigieux que celui désigné par l'arbitraire de la carte scolaire. Or ces derniers, extrêmement protecteurs pour ne pas dire hostiles à son émancipation, refusaient qu'elle puisse prendre seule le bus puis le métro. Nous y sommes enfin parvenus par l'entremise d'autres parents d'élèves issus du même milieu culturel qui trouvèrent les mots pour les rassurer. On voit à travers ces deux cas que donner le choix définitif en matière d'orientation aux parents n'est pas toujours au bénéfice de l'élève.

Yaka-fokon : la coéducation !

L'Éducation nationale a eu beau multiplier les circulaires et les lois pour encourager le partenariat entre parents et enseignants, sur le terrain aucune amélioration ne fut visible. La loi de refondation de l'école de 2013 aura perpétué le « yaka-fokon » en l'habillant de nouveaux mots-valises. Il est important de se pencher sur ces termes au cœur du projet de la loi de 2013, utilisés dans beaucoup de médias spécialisés pour mesurer les enjeux de la coéducation.

En inscrivant dans le marbre de la loi ce concept de « coéducation », on a imposé la forme du partenariat entre parents et enseignants. La coéducation telle que la loi de refondation la présente n'est rien moins qu'une vision inclusive de la place des parents dans l'école : c'est à elle de s'adapter aux besoins et aux souhaits des parents et non l'inverse. Or, précisément de la même façon qu'on use et abuse dans la loi de refondation de 2013 de la notion d'*école inclusive*, on surinvestit le concept de coéducation sans prendre la peine de le définir. Il devient ainsi un véritable fourre-tout idéologique sur la relation parents-école.

Cette notion a une histoire qui permet de comprendre que le « fil pédagogiste » ne se rompt jamais. La notion de coéducation émane du courant de l'Éducation nouvelle apparu à la fin du XIXe siècle, lui-même imprégné de pensée rousseauiste. Elle se situait en marge de l'institution officielle et tendait à promouvoir une pédagogie plaçant l'enfant au centre des apprentissages. On retient évidemment l'action de Freinet, l'idole des actuels adeptes de « nouvelles pratiques pédagogiques » qui recyclent en fait des activités du début du siècle dernier ! L'idée centrale est de faire confiance à la nature de l'enfant et de le suivre dans son développement en se gardant de le précéder ou de l'orienter. Flaubert avait ainsi pressenti cette bêtise : « Le pauvre petit diable ne demandait qu'à se développer librement, comme une fleur en plein air ! Et il pourrirait entre des murs, avec des leçons, des punitions, un tas de bêtises ! Bouvard fut saisi par une révolte de la pitié, une indignation contre le sort, une de ces rages où l'on veut détruire le gou-

Ces parents d'élèves à qui l'on ment

vernement[1]. » L'enfant est en marche, l'enseignant le suit, ne sachant pas vers quoi aller ! L'essentiel est d'avancer et s'il se désintéresse de l'orthographe, on y reviendra un autre jour...

À l'origine, la coéducation portait sur la réalisation de la mixité au sein des groupes d'élèves : éduqués ensemble, les filles et les garçons allaient apprendre à nouer des relations plus égalitaires. Puis le rapport du maître à l'élève, à son tour, s'est vu assujetti par le concept de coéducation avec la promotion du travail collaboratif et participatif, de l'autonomie de l'élève, de l'horizontalité des rapports entre enseignants et élèves. Plus récemment, avec l'émergence de la famille postmoderne, la notion de coéducation s'est encore étendue à des formes de parentalité très variées. L'enfant est toujours au centre du processus d'éducation, mais, cette fois, les parents et les enseignants interagissent de façon égalitaire, au nom du bien de l'enfant. Tout cela se construit autour des notions progressistes de « coopération » et de « bienveillance ».

Dès lors, les frontières se brouillent. Le périmètre des rôles de chacun n'est plus clairement posé. Il faudrait d'une part s'attacher à respecter la parentalité, et de l'autre, à respecter l'expertise enseignante. Le hiatus est fort. L'institution scolaire rassemble des enfants aux profils d'une grande diversité, elle doit alors poser un ensemble de contraintes et d'exigences unitaires pour fonctionner. Est-il illogique que l'école demande aux parents de tout faire pour que

---

1. Gustave Flaubert, *Bouvard et Pécuchet*, Folio, p. 368

leur enfant s'adapte à ce système collectif d'essence démocratique ? C'est pourtant ce qui est combattu par la notion de coéducation qui exclut toute forme de prévalence des exigences des uns sur celle des autres. La coéducation, c'est l'illusion d'une cohabitation pacifique de tous les « j'ai le droit » ! C'est le « vivre-ensemble », dans son expression la plus vide et vaine.

En utilisant et diffusant largement ce principe de coéducation volontairement flou pour valoriser la relation entre les familles et l'école, l'Éducation nationale fait fausse route. Avec un logos bien-pensant et bavard, elle ne fait rien d'autre que décrire les modalités d'un partenariat. Pourquoi avoir ressorti un terme idéologiquement connoté « Éducation nouvelle », sinon pour continuer à alimenter le magistère pédagogiste de chercheurs en sciences de l'éducation...

L'indispensable réengagement parental

Le partenariat familles-école ne peut fonctionner que s'il existe un engagement des parents dans l'éducation de l'enfant tout au long de sa scolarité, comme l'ont montré différentes études, dont celle sur « la réussite scolaire et l'engagement parental » publiée en 2012 dans le cadre du programme PISA qui comparait les différents systèmes éducatifs des pays de l'OCDE. Il en ressort que les facteurs de réussite des élèves sont autant endogènes qu'exogènes, les premiers relevant des attitudes de l'élève face à l'apprentissage, les seconds de son environnement familial, culturel et scolaire. L'enquête montre l'importance majeure de l'engagement des parents dans l'éducation tant pour la réussite scolaire que professionnelle et personnelle. À contre-courant de la doxa progressiste qui a décrété que l'école devait en rabattre en termes d'exigences culturelles et scientifiques, l'enquête précise que le rôle éducatif des parents ne se mesure pas en fonction de leurs connaissances scolaires. Ce constat bat en brèche l'idée reçue qu'un parent issu d'un milieu populaire ne peut pas accompagner son enfant dans sa scolarité en l'état actuel de l'école.

Évidence : rien ne compte plus pour un enfant que l'intérêt porté par ses parents à sa vie d'élève, à ses résultats, à ses progrès. Cependant, il existe des familles où les habitudes culturelles ne sont pas propices à l'échange, où l'enfant n'a pas droit à la parole, où on ne lui demande pas ce qu'il a fait, où on ne partage pas même la table avec les enfants, où on n'échange pas sur des sujets aussi variés que possible. Or, ces moments réguliers d'échange entre les parents et l'enfant sont nécessaires pour qu'il investisse ses apprentissages, pour qu'il sente que l'école et les savoirs ont une valeur aux yeux de ses parents. La plupart du temps, les parents qui échangent avec leurs enfants sur l'école sont aussi ceux qui communiquent facilement avec l'établissement scolaire, et cela n'a rien à voir avec le milieu social, favorisé ou non. J'ai connu maintes familles non francophones très investies qui cherchaient le dialogue avec l'école, des familles pourtant très modestes qui s'impliquaient.

Il s'agit là d'une question de disponibilité affective et éducative. De l'intérêt qu'on porte à l'enfant en tant qu'individu et non comme le membre d'un clan familial. Dans certaines familles, l'enfant est l'obligé de rapports vassaliques au sein du clan – ce que certains dénomment « sens de la famille » pour se donner bonne conscience –, il est le maillon d'une communauté qui le nie en tant que personne singulière. Dès lors, les projets « éducatifs » de l'école et des familles ne peuvent que se contredire.

3.
L'égalité des chances, le grand mensonge

On pourrait croire que la multiplication des enquêtes nationales et internationales allait apaiser l'inépuisable débat sur le niveau des élèves français. Il n'en est rien tant la question est devenue plus politique que pédagogique. Corps enseignant, Inspection générale, chercheurs en « sciences de l'éducation », journalistes experts, tous s'accordent à dire que le niveau des élèves de 2017 est moins bon en orthographe, en grammaire, en lecture compréhension, en raisonnement mathématique qu'il y a vingt ans. Mais certains recourent à toutes sortes d'arguties pour assurer que nous n'avons rien compris, que si les résultats sont moins bons, le niveau ne baisse pas ! Nous serions victimes d'une illusion d'optique : en réalité le niveau monte, *mais* cette progression est inégalement partagée. Revoilà l'égalitarisme sous couvert « d'égalité des chances », la toise du « moyen », la dictature de la courbe de Gauss. Revoilà la question sociale qui permet aux idéologues d'éviter encore et toujours le débat sur les méthodes pédagogiques qui ont conduit à produire plus d'un tiers d'illettrés à la sortie du primaire.

Génération « j'ai le droit »

Il faut d'ores et déjà éclaircir un point : j'entends par illettré un élève qui décode plus ou moins correctement, mais *ne comprend pas ce qu'il lit*. Un illettré est un lecteur non-compreneur. Cela exclut donc les élèves porteurs de troubles des fonctions cognitives (TFC), même mineurs comme les « dys ». On devrait d'ailleurs s'interroger sur l'explosion de diagnostics d'élèves dyslexiques et dysorthographiques depuis plus d'une décennie. Dans les salles de profs, on entend dire que « c'est une mode ». La pathologisation est une tendance apparue il y a une vingtaine d'années : tout est psychologisé, pathologisé avec des relents analytiques de café du commerce. Plutôt que de penser les problèmes en évaluant les effets des pratiques et méthodes enseignantes, on appelle le psy, l'orthophoniste, quand ce n'est pas le sophrologue ! Les véritables experts des TFC considèrent qu'il y a beaucoup de « faux diagnostics dys » puisque nombre de ces enfants sont rééduqués après seulement quelques séances d'orthophonie s'appuyant sur l'apprentissage syllabique. À l'inverse, un vrai dyslexique, en dépit des progrès qu'il peut faire, restera dyslexique et devra recourir aux différentes formes d'adaptation qu'il aura apprises pour compenser son trouble de la lecture et de l'écriture.

Les enseignants des collèges et lycées sont démunis face aux élèves toujours plus nombreux ayant un déficit en maîtrise de la langue orale et écrite. Les enseignants savent gérer les dys, mais pas l'illettrisme de masse. Nous devons enseigner des programmes toujours plus lourds avec des horaires disciplinaires inchangés, voire diminués sous l'effet des réformes

L'égalité des chances, le grand mensonge

successives. Sous la pression de nos inspecteurs, dans un temps record, on nous somme de boucler le programme alors que nos élèves ne maîtrisent pas les outils langagiers de base. Et cette situation délétère ne concerne pas que les disciplines littéraires : combien de fois ai-je entendu mes collègues de mathématiques ou de sciences faire le constat qu'ils n'arrivaient plus à enseigner tant les élèves étaient incapables de comprendre le sens d'un énoncé ou d'une consigne. Or, les mathématiques ne consistent pas à la simple acquisition de modes opératoires mécaniques, il s'agit d'enseigner une capacité à réfléchir, à conceptualiser et analyser des situations mathématiques. Ces études internationales ont bel et bien démontré la faiblesse des élèves français dans ces compétences analytiques, y compris parmi les bons élèves en maths !

Qui sont les responsables ?

Les parents ont leur part. Internet ou la télévision aussi, mais on leur fait porter le chapeau de tous nos renoncements, sur tous les sujets : de la baisse du niveau scolaire à la radicalisation islamiste en passant par la banalisation de l'alcool ou du porno chez les jeunes. Internet a bon dos. Les responsables sont aussi les enseignants dociles qui ont obéi au diktat des formateurs IUFM-ESPE obéissant eux-mêmes à la doxa d'universitaires militants et politiquement engagés que des inspecteurs, recteurs ou ministres ont légitimé comme « experts en sciences de l'éducation ».

Tous ces acteurs portent une part de responsabilité dans cette montée de l'illettrisme, condition de l'acculturation. Ils ont relayé, souvent avec sincérité et dévouement, la parole et les actes des gourous de la pédagogie socioconstructiviste qui ont fait main basse sur l'école dans les années 1970-1980, ont usé de leur magistère universitaire dans la plupart des lois relatives à l'éducation au cours des trois décennies écoulées. Ils ont transformé en profondeur les programmes, imposé leur mise en œuvre pédagogique en intégrant tous les cénacles institutionnels utiles, au premier rang desquels les organes de décision politique.

Ainsi, en est-il du Conseil national des programmes (1990-2005) créé sous Lionel Jospin dont le gros des troupes est nommé par le ministre, qui devient le Haut Conseil de l'éducation (2005-2013) sous François Fillon et enfin le Conseil supérieur des programmes installé par Vincent Peillon. Le nom change pour permettre au ministre de laisser son nom à un nouveau « bidule », mais l'objectif reste le même : permettre aux promoteurs de la pédagogie constructiviste de déraciner la culture française décrétée élitiste, discriminante, inégalitaire. La lecture du dernier rapport d'activité du Conseil supérieur des programmes rédigé sous la présidence de Michel Lussault, qui a depuis démissionné, est édifiante : verbiage, mots-valises de la doxa à donner le tournis, invocation des dieux de la didactique et de la pédagogie pour réduire les inégalités sociales. À lire le CSP, la réduction des injustices sociales serait d'ailleurs la principale fonction de l'école avant même la transmission des savoirs qui n'est qu'une des modalités de cette sainte mission.

Plus le voile se lève sur les échecs du pédagogisme et ses discours creux, plus ses papes sont sur la défensive. Ces petits soldats de la déconstruction n'hésitent plus à calomnier publiquement ceux qui osent remettre en question le bien-fondé de leur idéologie. Cette agressivité des bien-pensants se retrouve dans d'autres champs du débat sociétal, en particulier la sociologie qui plus que jamais est l'otage du militantisme politique. Ainsi à l'école, plus les résultats de différentes enquêtes démontrent leur échec, plus les progressistes se radicalisent comme le courant *pédagauchiste* en est l'illustration.

En 2008, quand le ministre, Xavier Darcos, agrégé de lettres classiques, présenta les nouveaux programmes, il reprit à son compte le terme *pédagogisme* pour déplorer les effets de cette pseudo-science apparue au tournant du XXe siècle. Il eut droit à la bronca de la gauche et leurs syndicats affidés qui récusèrent l'usage de ce terme. Eux qui nomment le fait d'enseigner : mise en place des « dispositifs d'enseignement » ! Vous les entendrez toujours dire qu'ils sont l'objet de caricatures et que jamais, ô grand jamais, ils n'abaissent leur niveau d'exigence ni leur ambition d'accès aux savoirs. Mais alors comment expliquent-ils l'état d'acculturation d'une masse de plus en plus importante d'élèves, *leurs* élèves ? Qualifier le contradicteur d'antipédago et de conservateur pour refuser le débat, voilà à quoi se résume leur contre argumentation.

Génération « j'ai le droit »

Il ne s'agit pas seulement de pédagogie, mais de philosophie politique. La dimension éminemment sociopolitique de la réflexion sur le sens de l'école, les contenus et les méthodes d'enseignement doit être assumée, car elle exprime une ambition civilisationnelle qui nous engage pour l'avenir. Elle ne se réduit pas à la seule réalité de ce qui se passe, aujourd'hui et maintenant, entre les murs de la classe. Le match conservateurs contre progressistes, anciens contre modernes, est une caricature, produite par la doxa pour prononcer ses excommunications. Mais si le match existe, puisqu'ils l'ont créé, il faut donc s'y engager.

On a le droit de trouver légitime que l'école soit conservatrice au nom même de l'idée de progrès, au sens élevé et ambitieux du terme et non au sens des Messieurs Homais de la « pédagogie moderne ». Quand on les entend invoquer la liberté et le progrès pour empêcher les nouvelles générations d'être les héritiers d'une culture qui les a précédés, en disqualifiant l'autorité du maître et des familles, le projet de déracinement est bel et bien en marche. Limiter l'accès des œuvres de la culture classique aux élèves de milieux populaires répond à une démarche profondément antidémocratique et méprisante. Récuser la culture classique parce qu'elle serait trop élitiste, qu'elle exigerait que les élèves soient accompagnés par l'enseignant dans son étude, parce que ces thématiques seraient trop éloignées des préoccupations sociales du moment, c'est ne rien comprendre à l'universalité et l'intemporalité d'Homère, Virgile, Racine ou Lamartine. La littérature jeunesse qui a envahi les

L'égalité des chances, le grand mensonge

programmes et l'école ne demande pas autant d'effort en effet. Pourquoi mépriser les enfants des classes populaires en leur déniant l'effort d'entrer dans les grands textes qui ont fait notre civilisation ? On ne s'y prendrait pas mieux pour éviter qu'ils ne s'enracinent dans une identité française. On ne s'y prendrait pas mieux pour faire advenir la démocratie moutonnière dont rêvent à la fois les chantres du libéralisme et ceux du communautarisme, tous deux unis dans un même projet de ségrégation économique et culturelle de la nation française.

Hannah Arendt écrivait en 1961 que « les adultes refusent d'assumer la responsabilité du monde dans lequel ils ont placé les enfants ». On peut s'interroger sur la continuité de cet autoaveuglement. J'ai fini par considérer que le processus de non-transmission d'un héritage historique et culturel était assumé par la génération pédago. La table rase est un projet porté, défendu par la gauche des années 1960-1970 : elle a toujours placé l'éducation en tête de ses préoccupations pour venir à bout de la « domination bourgeoise capitaliste », ce qui signifiait notamment la substitution de la nouvelle culture progressiste à la culture dite conservatrice. Ce fut toute l'œuvre de Foucault, Sartre et autres Chomsky que de passer au crible l'héritage culturel occidental pour en trier le bon grain de l'ivraie, en excommunier les mal-pensants qui ne méritaient plus d'être connus des nouvelles générations. Les écrivains, comme Molière, Hugo ou Flaubert, trop grands pour être dévorés par le minotaure libéro-libertaire ont été présentés aux élèves, mais dans des collections de synthèses d'œuvres classiques, des compilations d'extraits ou des études de déconstruction littéraire de leurs chefs-d'œuvre.

Quel fut le bilan de ce grand projet de révolution sociétale ? J'ai été particulièrement surprise au cours des dernières années, et plus encore durant l'année électorale de 2017, de la lucidité des enseignants sur les dégâts de la pensée progressiste sur l'éducation. Cela semblera paradoxal à certains, mais chez beaucoup de collègues de gauche, voire très à gauche, la baisse continue des exigences culturelles à l'école – allant de pair avec la dilution des horaires disciplinaires – rend fou de rage. Le quinquennat Hollande fut le moment du grand divorce idéologique entre les profs et « la gauche », car jamais l'Éducation nationale n'aura été plus mal traitée qu'avec Vincent Peillon, embourbé dans sa réforme des rythmes scolaires, Benoît Hamon et surtout Najat Vallaud-Belkacem qui détient, avec Allègre, la palme du ministre de l'Éducation le plus impopulaire auprès des enseignants. Les dégâts du ministère Vallaud-Belkacem auront au moins permis d'accorder enfin une place dans le débat public aux critiques contre la perversion pédagogiste qui montra son visage le plus radical. Au moins pour cela, nous pouvons dire à François Hollande : « Merci pour ce moment ».

La majorité des parents et des enseignants réclament que les élèves sachent lire, écrire et compter à la fin du CM2. Ils se fichent de savoir si l'apprentissage par cœur des conjugaisons et des tables de multiplication relève de l'endoctrinement, ils veulent que les élèves aient acquis des connaissances de base et des procédures de mémorisation utiles, voire indispensables. Ils

L'égalité des chances, le grand mensonge

récusent les discours creux sur la morale civique et le « vivre-ensemble » quand il suffit d'observer notre société déracinée et dépolitisée où règne la morale individualiste. La génération « J'ai le droit » coïncide paradoxalement avec la démocratie moutonnière.

Pour en finir avec la question du « niveau »

Il n'y aurait donc que monsieur et madame Tout-le-Monde et la « réacosphère », passant du GRIP[1] à SOS Éducation, pour croire que le niveau baisse ! Les preuves sont là, nous disent les sociologues : taux de réussite mirifique au brevet des collèges et au bac, relecture à la loupe des classements PISA pour « nuancer ». Nous n'avions rien compris, pauvres idiots que nous sommes : « le niveau monte » ! C'est même le titre du livre de deux sociologues, Baudelot et Establet, qui pour valider leurs présupposés idéologiques s'appuient sur des statistiques. Quand le logiciel a mouliné les données, craché ses variables et ses tests khi^2, produit ses courbes et ses diagrammes, il n'y a plus rien à y redire. Le prof, le parent d'élève atterré n'ont qu'à se taire. Leur petite expérience ne représente rien face à « la » statistique ! Et si la statistique donne des résultats contredisant leur hypothèse, certains sociologues qui prétendent utiliser des méthodes de recherche scientifique font vite mouliner de nouvelles données pour les contredire.

---
1. Groupe de réflexion interdisciplinaire sur les programmes.

Génération « j'ai le droit »

La réalité est là, factuelle et cruelle : puissant est le désarroi des élèves à qui l'on ment sur leur niveau réel, puissante la colère des parents à qui l'on a fait croire que tout allait bien, puissant le désespoir des enseignants devant l'indigence culturelle qu'ils ont produite malgré eux. L'école est submergée par cette vague de démoralisation générale. Ce n'est ni du défaitisme ni du déclinisme, mais une lucidité, condition indispensable pour penser les solutions. Pourtant à lire les analyses des *Cahiers pédagogiques* ou certaines pages du *Monde de l'éducation*, « faut pas s'en faire » ! Il faut résister à la tentation du pessimisme qui ne sert au fond que le camp du mal, celui des « antipédagos ».

Aux moyens de manipulations statistiques et autres corrélations du scientisme sociologique, Baudelot et Establet ont consacré deux ouvrages à vingt ans d'intervalle pour affirmer que « le niveau monte[1] ». La cause de tous nos problèmes résiduels est l'insoutenable élitisme de l'école française ! Berceau de toutes les inégalités entre des élèves toujours plus excellents (le niveau monte) et des élèves toujours plus en difficulté (le niveau baisse). Stratégie qui pratique le relativisme sans oublier de dénigrer l'ambition universelle et démocratique de l'école laïque française.

Ces deux chercheurs qui n'ont jamais enseigné en école élémentaire ou dans le secondaire redéfinissent le concept de niveau avec leurs propres étalonnages statistiques. Leurs travaux ont en un fort écho dans

---

1. Christian Baudelot et Roger Establet, *Le Niveau monte*, Seuil, 1989 ; *id.*, *L'Élitisme républicain*, Seuil, 2009.

le milieu scolaire puisqu'ils concourent à faire croire à la réussite concrète du projet pédagogiste. Ils n'utilisent pas les critères de notation ou d'évaluation scolaires pour mesurer le niveau, mais préfèrent relier la « force du PIB » avec « le niveau de qualification des actifs ». Ils concluent ainsi à une élévation globale du niveau ! Ils comparent de même les résultats obtenus par les appelés du contingent de 1967 et 1982, alors même que l'armée ne cherchait pas à mesurer leur niveau selon le curriculum scolaire, mais selon une grille d'évaluation propre aux attentes de l'institution militaire. À l'issue de leur ouvrage, ils décrètent ainsi que la notion de niveau est « un organisateur social » qui ne saurait scientifiquement être mesuré. On se demande bien pourquoi ils s'échinent à démontrer que le « niveau monte » puisque « le niveau » est, selon eux, impossible à définir !

En 2009, ils s'attaquèrent cette fois aux études PISA de l'OCDE qui mettaient à mal la doxa sur la hausse continue du niveau de qualification des élèves français. Les deux sociologues ont choisi cette fois de les comparer à d'autres études pour nuancer les résultats afin de vérifier leur hypothèse : l'école française est élitiste, discriminante et inégalitaire par nature. Ainsi Baudelot et Establet décrètent-ils successivement leurs vérités de « sociologues » : le redoublement ne servait à rien, les groupes de niveaux étaient néfastes, rendant les meilleurs encore meilleurs, et n'aidaient en rien les plus en difficulté. La massification scolaire produirait de l'excellence si on savait s'y prendre, et enfin l'action politique viserait à « réduire les inégalités sociales » et à rendre assurément l'école meilleure.

Génération « j'ai le droit »

*On ne parie pas sur la réussite scolaire
comme au jeu de hasard*

L'assertion de Baudelot et Establet mérite d'être discutée : « les enfants d'immigrés ne font pas baisser le niveau » et s'ils réussissent moins bien c'est à cause de la République qui ne sait « pas assurer l'égalité des chances ». Cette expression « égalité des chances » rime souvent avec celle du « vivre-ensemble ». Incontournable des discours politiques, « l'égalité des chances » tient à elle seule d'argument quand on veut faire dans le moralisme social antidiscriminatoire. Depuis les années 1970, l'obsession égalitaire a conduit à la traque perpétuelle de toutes formes de discrimination. Il en résulte une surenchère des « j'ai le droit », corollaire de la victimisation collective qui infuse le discours bien-pensant et nourrit les rancœurs à l'infini.

« Égalité des chances » à l'école ? L'engagement scolaire n'a hélas pas grand-chose à voir avec la chance mais plutôt avec l'envie, la volonté, le goût de l'effort, l'apprentissage des codes sociaux et culturels. Ces codes sont pour partie transmis à et par l'école. Je n'ai jamais vu de collègues ne pas soutenir celui qui mérite d'aller plus haut et plus loin en dépit de son origine sociale. Je dirais même que nous consacrons une énergie redoublée à ces enfants-là. Des Monsieur Germain, l'Éducation nationale en abrite beaucoup, prêts à se dévouer pour des élèves enthousiastes. Et je ne parle pas ici forcément de mérite

« intellectuel », mais avant tout de promotion de l'intelligence, de la curiosité et de l'envie de s'engager dans l'effort. Que ce soit pour entrer en médecine ou devenir électricien. En revanche, face à des élèves qui n'ont aucune envie de faire le moindre effort parce que leur milieu familial ou leur environnement ne le cultive pas, parce qu'ils méprisent leurs enseignants (en particulier si ce sont des femmes) et les savoirs, notamment au nom d'un sentiment de supériorité (ethnoculturelle par exemple) il nous est difficile de se mobiliser pour eux.

Cet accompagnement du maître est capital, car il connaît le système et sait fort bien que « l'égalité des chances » servies aux élèves et aux familles est un artifice. La « chance » aujourd'hui, dans cette France mondialisée, c'est celle d'avoir accès à un réseau, pas d'avoir accès à la culture ! Voilà un des drames de nos sociétés démocratiques : mentir aux citoyens en leur faisant croire qu'il suffit d'être bon élève pour réussir. C'est ici que Bourdieu avait fait une observation pertinente : il faut suivre un parcours balisé que seuls les privilégiés connaissent et dont ils font d'abord bénéficier leurs « héritiers », puis ils entrouvrent l'ascenseur social à quelques non-privilégiés triés sur le volet pour faire bonne figure, avant de refermer promptement les portes. Aujourd'hui comme en 1970, ce parcours commence par un bac général dans un lycée prestigieux avec une mention très bien, la classe prépa d'un lycée tout aussi illustre où vous serez intellectuellement formaté (brillamment, mais formaté quand même) puis transformé en bêtes à concours. Agrégation, grandes écoles – ENS, X ou ESCP selon vos talents et ambitions –, ENA – là vous apprendrez la doxa politico-administrative et cultiverez votre réseau, pour devenir éventuellement un dirigeant politique ou décrocher à 26 ans dans une grande entreprise « un poste à 50 K ». Certes, on a entrouvert l'ascenseur pour les « défavorisés de ZEP » au début des années 2000, avec exemption des écrits aux concours d'entrée de certaines grandes écoles, tutorats et cours de rattrapage pour apprendre à faire une fiche de lecture, etc. Mais pour quelles raisons ? Les aider ou se mentir sur leur niveau réel ?

« L'égalité des chances » n'existe que pour les « enfants de » qui depuis cinquante ans se cooptent dans un entre-soi confortable. La gauche morale soixante-huitarde a trusté le magistère intellectuel et culturel français et nous serine avec « l'égalité des chances » depuis des décennies. Mais qu'a-t-elle fait pour « abolir les privilèges » dont elle use et abuse ? Pire, elle a même renforcé la ségrégation scolaire avec les ZEP au début de l'ère mitterrandienne, vendant aux classes populaires le mensonge de « la discrimination positive », appuyé par les associations antiracistes. Elle a « joui sans entraves » des bienfaits de cet élitisme bourgeois qu'elle adore détester mais qu'elle incarne avec une morgue sans égal.

La droite ne prend même plus la peine de s'indigner d'un tel système de privilèges, elle a la vertu de l'assumer au nom d'un libéralisme dévoyé et d'un individualisme vénal presque revendiqué, comme la dernière campagne présidentielle l'aura montré. Elle fait parfois l'aumône en promouvant quelques talents, encore que, gagnée par la moraline culturelle, l'affi-

L'égalité des chances, le grand mensonge

chage plus que la promotion au mérite se pratique. Il n'est qu'à se rappeler l'engouement sarkozyste pour « les minorités visibles ». Au moins, depuis mai 2017, l'horizon s'est éclairci grâce à l'union des privilégiés au sein d'un même « parti » qui dispose de tous les pouvoirs. On va sans doute, plus que jamais, nous servir la litanie des mots-valises de cette bien-pensance : « l'égalité des chances », la bienveillance, la tolérance, le vivre-ensemble, la société inclusive. Il faut que le mensonge perdure même si la société est fracturée, même si la suspicion est partout, et avec elle rancune et colère.

Quand Baudelot et Establet se demandent pourquoi la France est un des pays de l'OCDE où le « capital culturel » familial pèse autant dans la réussite scolaire, ils participent au grand mensonge organisé. Ils préfèrent condamner le système scolaire en simplifiant l'analyse bourdieusienne : c'est à dessein que l'école française survalorise la culture classique, inatteignable pour les milieux populaires. Donc, selon eux, pour rendre l'école « égalitaire », il faut en finir avec la culture classique ! Et si on inversait le raisonnement en rendant accessible la culture classique aux milieux populaires, au lieu de les en priver ? N'était-ce pas le rôle de l'école de compenser le « capital culturel » débiteur des milieux populaires en transmettant aux enfants défavorisés les moyens pratiques d'accessibilité (lire, écrire, compter) et les savoirs de la culture humaniste classique ? Qui a déraciné cette transmission explicite des savoirs ?

Génération « j'ai le droit »

Des enquêtes, des enquêtes, toujours des enquêtes

Longtemps restées confidentielles, n'intéressant que les experts en sciences de l'éducation et les décideurs institutionnels, les grandes enquêtes internationales comme PISA (général, niveau fin de troisième), TIMSS (pour les sciences, niveau CM1 et terminale), PIRLS (pour la lecture, niveau CM1) font l'objet depuis quelques années de comptes-rendus dans la presse généraliste. L'annonce des résultats médiocres, voire catastrophiques, des écoliers français est ainsi devenue un marronnier : en dehors des lamentations, aucune analyse de fond ni début de réflexion n'est produit. L'essentiel est de vendre du papier ou de la minute d'antenne sur le dos de l'école. Et si possible, tous les 5 septembre, histoire de plomber la rentrée.

Progressivement, des enquêtes nationales ont été mises à la portée du grand public comme celle réalisée par la Direction de l'évaluation de la prospective et de la performance (DEPP) dont les résultats rejoignent en général ceux des enquêtes internationales. Plus récemment encore, avec la création en janvier 2014 du Conseil national d'évaluation du système scolaire (Cnesco), on observe une meilleure diffusion des informations sur l'évaluation du fonctionnement scolaire et des résultats scolaires. À travers des conférences et des rapports pour évaluer l'état de l'école, ce conseil n'hésite pas à dire des vérités gênantes ayant le mérite de proposer des solu-

L'égalité des chances, le grand mensonge

tions. Elles sont souvent empreintes d'un vocabulaire techno-pédagogiste mais cherchent au moins à explorer des voies moins conformistes. Pour l'heure, il est difficile de dire ce qu'il advient de la mise en œuvre sur le terrain des préconisations issues des différents rapports du Cnesco, mais il faut saluer la richesse de ce conseil, ce qui est assez rare chez les comités Théodule de la haute fonction publique.

Les résultats de toutes ces enquêtes sont inquiétants, d'autant que le problème ne concerne pas uniquement l'enseignement du français. L'enquête TIMSS[1] de 2015 a montré que le niveau de nos écoliers de CM1 était bien en deçà de la moyenne de l'OCDE et de l'Union européenne : 488 points en maths et 487 en sciences quand la moyenne du classement est à 500 et la moyenne européenne à 527 ! Sans surprise, les cinq premiers pays sont asiatiques, l'Irlande du Nord est le premier pays européen du classement. Ce qui est particulièrement inquiétant, c'est que les Français sont surreprésentés dans le quartile le plus faible de l'échantillon. Un élève sur huit (13 %) ne maîtrise pas les savoirs de base, et pourtant les professeurs de nos écoles déclarent consacrer 193 heures annuelles aux mathématiques quand la moyenne européenne est de 158 heures. Le ratio temps/résultats n'est pas du tout au rendez-vous. 53 % des professeurs des écoles disent ne pas avoir reçu de formation spéci-

---

1. Trends in International Mathematics and Science Study, organisé par l'IEA (International Association for the Evaluation of Educational Achievement) qui est basée aux Pays-Bas depuis 1958.

fique en mathématiques contre 32 % dans le reste de l'Europe. 17 % ont eu une formation spécifique pour l'enseignement des sciences contre une moyenne européenne de 51 %. Cela rejoint l'avis de nombreux experts qui déplorent l'insuffisance de formation initiale et continue des futurs professeurs des écoles en mathématiques. Depuis des années, j'entends mes collègues de mathématiques raconter qu'ils doivent consacrer une large part de l'année de sixième aux révisions des savoirs élémentaires non acquis. Déjà en 2007, dans son enquête « Lire, écrire, compter », la DEPP avait mesuré sur vingt ans le niveau des CM2 à partir d'une même épreuve. Elle avait relevé une baisse significative des compétences en calcul entre 1987 et 1997 puis une relative stabilité pendant la décennie 1997-2007 mais avec un niveau médiocre et une baisse de ces compétences chez les élèves, toutes catégories socioprofessionnelles confondues.

Les méthodes d'apprentissage sont la première cause de la baisse générale de niveau en mathématiques. TIMSS a révélé la chute de près de 100 points des lycéens de terminale S entre 1995 et 2015, avec un horaire dévolu aux maths important de 222 heures annuelles, soit largement plus que les pays en tête du classement ! Pourtant, comme en CM1, le résultat n'est pas au rendez-vous : seul 1 % d'entre eux parvient à atteindre le seuil dit *avancé* alors qu'ils étaient 15 % en 1995, et ils sont 11 % à être au seuil « élevé » contre 64 % il y a vingt ans. Il faut dire que depuis deux décennies au moins, l'orientation en terminale S n'est plus réservée à la future élite scientifique. Avec un modeste 12 de moyenne en maths, dans beaucoup de lycées, on peut rejoindre cette filière qui n'abrite plus guère de « vrais matheux ». « Le niveau monte », on vous dit !

Ma fille est plutôt bonne élève, mais je pense qu'elle serait bien en peine de faire la dictée que sa grand-mère faisait au même âge, en 1954, à l'école primaire en Tunisie ou que je faisais moi-même, en 1979, dans une école de banlieue parisienne. La pauvreté lexicale des dictées proposées aujourd'hui révèle la baisse de l'exigence à l'égard du bien-parler et du bien-écrire. Il suffit de lire les bandeaux déroulants sur les chaînes d'info en continu ou les tweets de tel ou tel conseiller ministériel, tous écrits précipitamment et sans relecture, pour constater l'état de la maîtrise orthographique, en particulier l'orthographe grammaticale. Et les beaux esprits qui nous expliquent que la révolution numérique a bouleversé les règles de la « communication » ne peuvent répondre au dépit de nombreux parents devant le niveau d'orthographe affligeant de leurs enfants.

Prenons l'étude de la DEPP de novembre 2016, qui compare, à partir d'une dictée identique, « le degré de maîtrise de l'orthographe de mots usuels et de règles orthographiques et grammaticales » d'élèves de CM2 en 1987, en 2007 et enfin en 2015. Une génération s'est écoulée et les élèves de 2015 font en moyenne 17,8 fautes contre 10,6 en 1987. La grammaire pose en partie problème (accords sujet-verbe, accords dans le groupe nominal, accords du participe passé). Les « sociologues » seraient bien en peine de nous expliquer pourquoi cette aggravation ne touche que les classes populaires ou les établissements en ZEP, puisque la baisse concerne tous les élèves et tous les secteurs de scolarisation (public et privé). Depuis 2007, les élèves sont « de plus en plus nombreux à cumuler des lacunes en orthographe ». Il ne leur manque plus que l'écriture inclusive pour achever le processus... L'enquête remarque en outre que dans l'éducation prioritaire « l'augmentation du nombre d'erreurs sur la dernière période est moins importante que dans les autres secteurs ». Par ailleurs, même si les fautes sont moins importantes que chez les élèves de milieux populaires, leur nombre parmi les enfants de cadres et professions intellectuelles supérieures a doublé entre 2007 et 2015 ! On voit que les inégalités ne sont pas toujours là où la doxa compassionnelle aime le dénoncer. L'abrutissement général est équitablement réparti, ce qui doit réjouir les gardiens du temple : l'égalité des malchances, c'est déjà de l'égalité !

Aucun ministre de l'Éducation nationale ne peut se défausser face à ces constats. Pourtant, ils n'assument jamais leur part de responsabilité dans la baisse des résultats comme l'a montré la réaction de Najat Vallaud-Belkacem à la publication de ces calamiteux résultats. Elle fit remarquer que les élèves évalués en 2015 étaient entrés en CP en 2010 et avaient donc suivi les programmes mis en place par la droite en 2008 ! Elle espérait peut-être nous faire croire qu'avec les nouveaux programmes concoctés par ses soins et son Conseil supérieur des programmes, le miracle aurait lieu. On a hâte de lire la prochaine évaluation de la DEPP. Mais en attendant, il y a fort à parier que rien ne changera puisque les méthodes d'apprentissage sont restées les mêmes.

L'égalité des chances, le grand mensonge

Le plus intéressant dans l'enquête de la DEPP est d'apprendre que les exercices exigeant une rédaction obtiennent des taux très importants de non-réponse. La copie « blanche » plutôt que faire l'effort de rédiger... Également relevé par l'étude internationale PIRLS[1] de 2011. Nos écoliers ont le plus fort taux d'Europe de non-réponse dans les tâches de rédaction, ils sont surreprésentés dans le groupe des faibles et sous-représentés dans le groupe des forts. Quant aux élèves en difficulté, s'ils le sont de plus en plus et particulièrement dans l'éducation prioritaire, il y a au moins une stabilisation de la chute des résultats (voire un léger mieux) dans ces établissements réputés difficiles. N'est-ce pas la moindre des choses au regard des moyens financiers investis depuis la création des ZEP en 1981 ? En 2007, on évaluait encore à 31 % les élèves en difficulté de lecture dans l'éducation prioritaire, c'est dire l'efficacité de cette politique scolaire de « discrimination positive »...

Pendant des années, la doxa a censuré la parole des enseignants qui s'alarmaient du nombre grandissant d'élèves en difficulté de lecture à l'entrée en 6e, ce qui était déjà officiellement reconnu par des études institutionnelles (DEPP, *L'État de l'école*, n° 20, 2010). Ces papes de la pédagogie affirmaient que nous ne comprenions rien à l'apprentissage de la langue écrite et parlée, en perpétuel renouvellement didactique, etc. Sur le terrain, nous observions pourtant que la maîtrise de l'orthographe et la richesse du

---

1. *Progress in International Reading Literacy Study.*

Génération « j'ai le droit »

vocabulaire étaient très alarmantes. L'étude CEDRE de 2015 a avancé un taux de 40 % d'élèves en difficulté de lecture en quittant le CM2 ! PISA de la même année annonçait que 40 % d'élèves en fin de 3e ne maîtrisaient pas la lecture-compréhension et évaluait à environ 21 % la proportion d'élèves en grande difficulté. Il y a dix ans, la DEPP a révélé qu'un collégien de classe de 5e en 2007 avait le niveau d'orthographe grammaticale d'un écolier de CM2 en 1987... Les faits sont là, on doit malheureusement parler d'illettrisme de masse.

Ces données sont connues, mais ces enquêtes documentées ne conduisent pas à une remise en cause des méthodes d'apprentissage qui font la preuve de leur inefficacité depuis plusieurs décennies. Il en va de même des programmes ou de la formation. C'est à se demander s'il y a un pilote dans l'avion ou plutôt si le pilote n'est pas condamné à l'inaction à peine entré dans le cockpit de la rue de Grenelle. Le ministre est-il condamné lui aussi par la pression qu'il subit de tous côtés – l'exécutif, les fonctionnaires de la Direction générale de l'enseignement scolaire, les associations de parents, les syndicats et corporatismes en tout genre, les chapelles pédagogistes ? Comme l'écrivait Tocqueville : « La question n'est pas de savoir s'il existe une autorité intellectuelle dans les siècles démocratiques, mais seulement où en est le dépôt[1]. » Hélas, nous savons que les dépositaires de cette autorité demeurent les idéologues qui sécu-

---

1. Alexis de Tocqueville, *De la démocratie en Amérique*, op. cit., 1848.

L'égalité des chances, le grand mensonge

risent leurs places, tandis que la valse des ministres continue.

Oseraient-ils s'attaquer à Claude Levi-Strauss dont ils respectent l'œuvre s'ils l'entendaient aujourd'hui prononcer ces mots : « Instruit, comme beaucoup d'autres, dans des lycées où l'entrée et la sortie de chaque classe se faisaient au tambour, où les moindres manquements à la discipline étaient sévèrement punis, où les compositions se préparaient dans l'angoisse, et où leurs résultats, proclamés sur un mode très solennel par le proviseur accompagné du censeur, causaient l'abattement ou la joie, je ne sache pas qu'enfants, la grande majorité d'entre nous en aient conçu haine ou dégoût. Adulte et par surcroît ethnologue, je retrouve dans ces usages le reflet, affaibli certes mais toujours reconnaissable, de rites universellement répandus qui confèrent un caractère sacré aux démarches par lesquelles chaque génération se prépare à partager ses responsabilités avec celle qui la suit[1]. »

De ce « caractère sacré » évoqué par Levi-Strauss, il ne reste plus grand-chose, pour ne pas dire rien, tant les liens entre générations s'estompent, se défont, pour donner à chaque nouvelle génération la conviction prétentieuse d'inaugurer une nouvelle ère, expression arrogante s'il en est. Bienvenue à la Génération « J'ai le droit »…

---

1. Claude Levi-Strauss, texte rédigé en 1975 suite à la table ronde intitulée « *L'école et l'enfant créateur* ».

Génération « j'ai le droit »

L'école des « compétences »

L'idée de formaliser les savoirs et savoir-faire minimaux est adossée à l'allongement de l'obligation scolaire à 16 ans, décidée en 1959 qui sera effective huit ans plus tard. Porté vainement par Valéry Giscard d'Estaing au moment de la réforme du collège unique, le président présente ce projet comme « un moyen puissant d'égaliser les acquis culturels des jeunes Français [et qui] devra s'accompagner sur le plan des programmes de la définition d'un savoir commun, variable avec le temps et exprimant notre civilisation particulière[1] ». Quarante ans plus tard, on voit ce qu'il en est de notre « civilisation »... Avec la naissance de l'Union européenne après le traité de Maastricht, le système scolaire français passa, en partie, sous l'autorité de la Commission européenne. Pierre Bourdieu chargé par François Mitterrand de faire un rapport sur l'école alla dans le sens des libéraux européistes en appelant, dès 1983, à « définir le minimum culturel commun, le noyau de savoirs et de savoir-faire fondamentaux et obligatoires que tous les citoyens devraient posséder ». La convergence des intérêts de la gauche libertaire avec les idées libérales européennes fédéralistes était déjà perceptible. Ce tropisme européiste ne se démentira pas avec le Conseil national des programmes dirigés par Luc Ferry, sous le ministère Bayrou, qui évoque pour la première fois la création d'un « socle de

---

1. Valéry Giscard d'Estaing, *Démocratie française*, Fayard, 1976.

L'égalité des chances, le grand mensonge

compétences théoriques, réflexives et pratiques fondamentales ». Il sera mis en œuvre à la suite de la loi d'orientation et de programme pour l'avenir de l'école de 2005 portée par le ministre de l'Éducation François Fillon. L'école du savoir disparaît définitivement derrière l'apprentissage de « compétences ». L'acquisition du socle commun s'exprime par une évaluation dont on prétend à l'époque qu'elle sera « prise en compte dans la poursuite de la scolarité », ce qui n'a jamais été le cas. De fait, le livret personnel de compétences censé valider cette progression, complété à chaque fin de cycle par l'équipe enseignante seule ou avec le concours du chef d'établissement, constitue une de ces supercheries dont l'administration française a le secret. À de nombreuses reprises, j'ai assisté à cette fastidieuse tâche consistant à cocher les cases « Acquis » ou « En voie d'acquisition » pour des élèves à peine lecteurs ou suant à grosses gouttes devant une division, mais dont on devait faciliter l'orientation vers une formation, plus ou moins scolaire : alors on cochait à l'aveugle ! Depuis 2011, le livret est aussi utilisé pour aider les élèves à obtenir le diplôme national du brevet, examen dont les enseignants ont de plus en plus de mal à comprendre la fonction.

Le livret se donne aussi pour objectif non avoué d'imposer l'idée d'interdisciplinarité puisque les items ne sont pas liés aux disciplines scolaires : le travail disciplinaire est émietté en microcompétences dans plusieurs domaines simultanés. C'est un empilement de compétences dénué de sens, conforme à l'esprit de formatage de l'intelligence de notre société consumériste ultralibérale. J'ai récemment exprimé publiquement mon refus de compléter les items concernant ma discipline, l'histoire-géographie. Cela n'a pas suscité les foudres de mon chef d'établissement, ni celles de mes collègues ni celles des parents d'élèves eux-mêmes, apparemment aussi peu convaincus par l'utilité de l'objet. Je les ai autorisés à cocher acquis pour tous mes élèves étant donné l'insignifiance de ce formulaire administratif qui apporte moins que le traditionnel bulletin scolaire où l'on peut nuancer nos évaluations concernant le travail de l'élève. Le livret doit avoir un mérite aux yeux de ses défenseurs : il acclimate l'élève aux futures grilles d'évaluation purement quantitative de l'entreprise remplies annuellement par le n+1...

La première version du socle commun fut organisée autour de sept compétences, contre huit préconisées par le Parlement européen en 2005. Trois paliers étaient prévus pour évaluer la progression des élèves (fin CE1, fin CM2, fin 3e). De nombreux bulletins officiels et circulaires concernant le socle jalonnent la décennie écoulée. Il s'est agi d'en consolider les fondements, d'en redéfinir les modalités, toujours avec le même vocabulaire égalitariste, faussement ambitieux, prétendument républicain. Évidemment, Vincent Peillon, père autoproclamé d'une « refondation de l'école » jugea utile de rénover le socle. Il n'eut pas le temps de s'y atteler étant démissionné plus vite que prévu. Benoît Hamon et Najat Vallaud-Belkacem donnèrent donc naissance au « socle commun de connaissances, de compétences et de culture ». L'ironie de cet ajout réside précisément dans la disparition de

L'égalité des chances, le grand mensonge

la culture du fait de l'adoption de cinq domaines au lieu des sept initiaux ! Ainsi en histoire-géographie, le domaine « culture humaniste » censé nous représenter trépasse, noyé dans le domaine numéro 5 au titre fumeux : « Les représentations du monde et l'activité humaine ». Il s'agit d'y évaluer « la compréhension des sociétés dans le temps et dans l'espace, l'interprétation de leurs productions culturelles et la connaissance du monde social contemporain ». C'est à croire que l'Éducation nationale a décidé d'imposer à tous la novlangue managériale. Désormais, la corvée du remplissage de ce livret (doublée bientôt par celle du livret scolaire unique), dont on promet la complète dématérialisation grâce à l'avènement de « l'école numérique », se déroule à la fin du CE2 de la 6e et de la 3e, illustrant la politique d'étalement dans la durée de l'acquisition des savoirs fondamentaux. L'évaluation de la maîtrise de la lecture courante (mais non expressive !) est désormais repoussée à la fin du CE2...

Le socle a accompagné fidèlement l'appauvrissement des programmes dans un même projet utilitariste. Il s'agit d'un référentiel standardisé de savoir-faire et de savoirs, utiles au marché de l'emploi, qui n'a plus grand-chose à voir avec le projet philosophique de l'école que la France se targue d'incarner. Le temps est-il venu d'assumer l'ultralibéralisme qui réduit la mission de l'école à la production d'une main-d'œuvre docile, flexible et qualifiée en fonction des besoins du marché du travail ? Horizon qui justifierait qu'on extirpe définitivement la culture de l'école pour nous préparer au transhumanisme. Le triste monde de

Génération « j'ai le droit »

La Possibilité d'une île de Michel Houellebecq sera-t-il notre réalité ? Apparemment s'en épouvanter fait de vous un « rabougri[1] »... On n'inculque pas le goût du passé, mais seulement celui d'un triste présent. Politiques et entrepreneurs oseront-ils, de concert, euthanasier l'école ? Au moins, tout le monde saurait à quoi s'en tenir : cela évitera bien des débats et des souffrances chez les enseignants, les élèves, les familles.

---

1. Laurent Alexandre, *L'Express*, 28 juin 2017.

4.

Objectif : déraciner la culture

Plus l'acculturation progresse, plus le déracinement culturel produit de la violence sociale. En réponse, les déclamations institutionnelles sur l'école démocratique se font grandiloquentes. Ces discours creux n'impressionnent ni ne motivent personne. L'essentiel du désastre provient du non-enseignement de notre langue commune, sa syntaxe, son orthographe, ses grands textes, ses auteurs classiques est déjà avancé. Depuis les années 1960, on s'est acharné à déraciner la culture littéraire et artistique de l'espace scolaire. Une certaine intelligentsia a désigné la culture comme l'outil d'oppression de la bourgeoisie au lieu de se donner la peine de la démocratiser pour que tous en bénéficient. Ainsi, en 1985, les programmes de français énonçaient que « dans l'intérêt de tous et pour ne pas disqualifier certains élèves, il convenait d'enseigner les règles de l'usage le plus courant ». Exit le subjonctif imparfait... Pour déraciner la culture classique, donc l'identité qui fonde un peuple, il faut lui arracher son âme, ce qui signifie détruire sa langue et sa littérature. L'université puis l'école ont transformé la littérature en une production de techniques discursives et autres « registres de langue » pour en extraire toute affectivité, toute émotion, toute magie. De telle sorte que seule une élite de plus en plus restreinte est encore capable de « lire » Proust ou Colette.

En notre qualité de Modernes, on ne voulut pas aller contre le « progrès » que représentait la concurrence du numérique. On a nourri l'espoir absurde de tout tenir à la fois : la culture à la portée de tous, tout le temps. Il en a résulté des applications pour smartphone qui vous envoient quotidiennement quelques lignes d'une grande œuvre. « Redécouvrir les classiques de la littérature sous une forme ludique et originale », nous promet la pub sur les plateformes de téléchargement... Lire un livre, tourner des pages, s'immerger dans un récit demande du temps, de la solitude, du silence. Ainsi qu'une formation au goût. Tout cela a disparu dans la majorité de nos écoles. Mais l'illusion – pour ne pas dire le mensonge – est la condition d'existence du système scolaire et de survie d'une démocratie dont les bases sont l'utilitarisme et le nivellement par le bas.

Pour comprendre ce désastre, il faut regarder du côté de l'enseignement du français. Révolutionné au cours des années 1960-1980, nous ne nous sommes toujours pas remis de cette destruction malgré une prise de conscience opérée sous le ministère Darcos qui ne lui aura pas survécu. Le français et sa littérature d'une part, l'histoire, d'autre part, sont les mamelles de l'identité nationale. C'est pourquoi déraciner l'enseignement de ces deux disciplines était primordial pour

Objectif : déraciner la culture

les guérilleros du multiculturalisme postmoderne, du libéralisme mondialisé, de l'individu atomisé[1].

Déraciner la langue française

La baisse générale du niveau des élèves se comprend dans la façon dont est enseignée la langue écrite depuis au moins trois décennies. Enseignement qui exige au préalable la maîtrise de la langue orale dispensée dès la maternelle. Aucun apprentissage, *a fortiori* aucune réussite scolaire, n'advient si l'enfant ne maîtrise pas la langue, ne possède pas un lexique suffisamment riche pour exprimer sa pensée, n'a pas appris de façon explicite les règles fondamentales de la syntaxe, de l'orthographe et de la grammaire.

Au début de ma carrière, je pensais qu'il était encore possible d'agir en tant que professeur d'histoire-géographie pour compenser l'absence de ces acquis fondamentaux qui m'apparaissait dans sa réalité la plus crue puisque j'enseignais en ZEP. J'ai vite compris qu'il était illusoire de vouloir corriger ces lacunes ou retards. Comprendre un texte d'histoire de dix lignes exigeait souvent une traduction-reformulation de ma part, car le lexique autant que la syntaxe leur étaient abscons. Dans mes classes de ZEP, dans les années 2000, plus de la moitié des élèves de 6e pouvaient être qualifiés d'illettrés. Ce n'est pas tant

---

[1]. Carole Barjon a présenté « l'œuvre » de ces idéologues de façon détaillée dans *Mais qui sont les assassins de l'école ?* (Robert Laffont, 2016).

Génération « j'ai le droit »

un sentiment d'impuissance à exercer mon métier qu'une profonde tristesse éprouvée pour la plupart de ces élèves qui avaient envie d'apprendre. Mais, par un entêtement idéologique, on les a privés des moyens d'y parvenir.

Le ministère donne encore l'illusion de son pouvoir à coups de centaines de circulaires (en moyenne 225 par an !) adressées par mail aux enseignants. Avant « le progrès de l'école numérique », elles étaient affichées en salle des profs, désormais, elles encombrent nos boîtes mail et finissent à la « corbeille » sans être lues par l'immense majorité de leurs destinataires. L'administration centrale et académique infantilise ses troupes par une surenchère d'instructions. C'est un moyen de maintenir le degré minimal de mobilisation pour que l'ensemble tienne. L'école de la République sera probablement la dernière institution publique debout – en apparence – quand tous les autres services publics auront fait faillite sous l'effet conjugué de coupes budgétaires, de la baisse de satisfaction des usagers et de l'ouverture à la concurrence ultralibérale ! L'ubérisation scolaire ? Préparons-nous !

Dans une étude richement documentée, Agnès Joste et Philippe Le Quéré ont montré comment l'enseignement du français a pu produire une telle quantité d'élèves en difficulté de lecture et d'écriture[1]. En dépit d'épisodes où le politique tente de

---

1. Groupe de recherche sur la démocratisation scolaire (GRDS), « Les programmes de français : de la stabilité au soupçon », www.democratisation-scolaire.fr.

Objectif : déraciner la culture

reprendre la main pour remettre le système sur les rails, une synergie néfaste, presque fatale, s'est installée depuis le milieu des années 1960 à coups de doctrines pédagogiques fumeuses impactant les programmes, réduisant les horaires d'enseignement, et produisant une vision économique utilitariste de l'école. Enseignants et élèves sont les premières victimes de cet abandon des ambitions démocratiques et humanistes que l'école prétendait porter. Les premiers sont livrés à leur sort au prétexte commode de la « liberté pédagogique », puis sont tenus pour responsables des échecs du système, en particulier par les familles pour qui c'est « parce que le prof est mauvais » que leur enfant échoue. Les seconds sont plus que jamais déterminés par leur milieu socioculturel puisque l'enseignement ne s'est jamais véritablement accompli. 630 heures d'enseignement de français (presque un an et demi de classe) ont été perdues dans l'élémentaire entre 1968 et 2007 ! Seul l'élève qui bénéficie hors de l'école de moyens de compensation culturelle peut échapper au massacre. En allongeant la scolarité obligatoire et en ouvrant le collège et le lycée à tous les élèves, on a répondu à une demande de démocratisation scolaire légitime mais sans réfléchir aux moyens de maintenir un niveau d'exigence et de savoir dans l'enseignement du français. Au contraire, responsables politiques et idéologues de tous bords se sont entêtés à abaisser contenus et horaires, à déraciner davantage nos bases d'enseignement.

Génération « j'ai le droit »

Tout se joue à l'école élémentaire

À n'en pas douter, au cours de la décennie écoulée, les ministres de l'Éducation nationale ont compris que tout se jouait à l'école élémentaire. Il est regrettable qu'ils ne mesurent pas davantage l'importance de la maternelle qui devrait pouvoir accueillir les enfants dès l'âge de 2 ans. La maîtrise de la langue orale est indispensable pour entrer dans les apprentissages scolaires. Cela n'est jamais dit explicitement aux familles, surtout dans les quartiers défavorisés. Cessons de mentir aux familles : un élève qui quitte le CP sans savoir déchiffrer de façon fluide et sans comprendre un texte simple de quelques lignes est condamné à une scolarité médiocre.

Lorsque je suis entrée en CP en 1978, mes parents assistèrent à la réunion de rentrée dont ils ont gardé un souvenir tenace. Face à eux, une jeune institutrice s'exprimait dans un français châtié, presque précieux. Elle avisa les parents qu'elle ne souffrirait ni aménagement ni contestation des règles de travail instaurées dans sa classe. Elle leur expliqua l'importance décisive de cette année de CP et leur engagement dans le suivi du travail de leurs enfants. Ensemble, ils ne devaient avoir qu'un objectif : la maîtrise des principes de décodage et de compréhension de l'écrit avant la fin de cette année scolaire. Elle annonça de façon claire un présage fondé sur son expérience : seul un tiers des élèves de la classe « feraient des études », car si elle allait donner à tous les élèves la même qualité d'enseignement, tous n'avaient pas les

Objectif : déraciner la culture

mêmes talents et ceux qui quitteraient le CP sans savoir très bien lire et comprendre ce qu'ils lisaient n'avaient presque aucune chance de faire des études supérieures. Mes parents m'ont souvent raconté qu'ils avaient été assez troublés par cette affirmation mais que ni eux ni personne ne s'étaient indignés de ce qui apparaîtrait aujourd'hui comme un monstrueux déterminisme, voire justifierait la convocation d'un inspecteur. Tous acceptaient cette idée qu'il existait une « aristocratie naturelle » comme le disait Thomas Jefferson, qui n'a rien à voir avec l'aristocratie traditionnelle liée à la naissance. Certaines personnes sont douées d'un talent singulier, tandis que d'autres, provenant du même milieu et ayant bénéficié de la même éducation, en sont dépourvus.

L'idée reçue si largement répétée qui tient la société et/ou la famille pour responsables de l'inégalité des talents a produit une vision confuse de l'égalité démocratique, et non moins contradictoire puisqu'elle se satisfait fort bien du principe de la « méritocratie ». Mes parents appartenaient à cette génération qui faisait confiance à l'expertise des enseignants. Cette maîtresse fit toute sa carrière en gardant la charge des CP, preuve s'il en est de sa compétence. Bien des années plus tard, j'ai discuté avec cette professeure, qui observait le niveau s'effondrer sous l'effet de promotion de méthodes issues du socioconstructivisme et d'allègements des programmes. Elle avait su résister dès le début, continuant jusqu'au bout à pratiquer la méthode syllabique, les exercices de graphie, les dictées de mots quotidiennes. Mais, à la veille de la retraite, elle était pessimiste sur l'avenir.

Le désastre est né avec le postulat que l'élève doit être l'artisan de son propre savoir. Cela repose sur l'idée que l'élève a des connaissances avant d'arriver en classe, certaines sont justes, d'autres erronées et le rôle de l'école est de donner à l'élève-enquêteur les moyens de se consacrer à ce remaniement intellectuel, à son rythme et selon les modalités qui lui conviennent. L'enseignant, dans ce processus, devient un technicien chargé de mettre en place les « situations didactiques » et autres « dispositifs d'apprentissage ». Il en est réduit à une simple activité de triage-recyclage des connaissances de l'enfant.

Cette belle mécanique peut fonctionner avec des classes présentant une homogénéité qui limite les écarts socioculturels, comme à Singapour ou en Finlande. En France, ce n'est pas le cas. Les classes sont hétérogènes sur de nombreux points. Il aurait fallu laisser les maîtres utiliser leur expertise pour adapter librement leur enseignement aux profils de leurs élèves, et non leur imposer cette grille de lecture politico-idéologique englobante sur l'Élève avec un *e* majuscule. On connaît les résultats catastrophiques dont la prétention n'a eu d'égal que l'abaissement des exigences intellectuelles des connaissances à transmettre. Ce progressisme inefficace fut le dernier point de départ du déracinement de notre enseignement, de sa mort annoncée.

Objectif : déraciner la culture

*Représenter graphiquement un mot,
ça s'apprend*

Derrière les mauvais résultats et l'aggravation de la situation, deux enjeux se présentent à nous. Simples en apparence mais incroyablement difficiles à relever en raison de l'immobilisme collectif. D'une part se pose l'enjeu de la remise en question des méthodes promues par la doxa universitaro-institutionnelle et d'autre part, celle de la formation des professeurs des écoles.

La graphie, anecdotique selon certains, l'apprentissage de la lecture et de l'écriture sont liés. Un professeur des écoles stagiaire me racontait qu'en formation en IUFM au milieu des années 2000, il n'avait même pas eu une heure entière de formation sur l'écriture. La graphie n'avait aucun intérêt selon ses formateurs ayant édicté que « la tenue de l'outil scripteur [traduire par « crayon »] était personnelle. Il faut laisser l'apprenant [traduire par « élève »] s'approprier l'objet. Il ne faut pas le contraindre à le tenir correctement, regardez combien de gauchers ont été traumatisés ! » Or la tenue tripode avec le pouce fléchi est la base du geste graphique, elle s'apprend et n'est pas innée ! La motricité fine se développe en maternelle et on peut apprendre aux enfants à bien utiliser leurs doigts autrement qu'en commençant par tracer au stylo bille des boucles sur des lignes de cahier. Une mère d'élève enseignante en maternelle m'avait expliqué qu'elle faisait faire de la couture à ses élèves de moyenne section, mais qu'elle se garderait bien de le noter dans ses cahiers de progression pour ne pas risquer un sermon de son inspecteur pédagogique. En effet, pour les formateurs et les inspecteurs « faire du graphisme » est nécessaire, c'est-à-dire laisser l'enfant, si possible seul devant sa feuille, reproduire une grande quantité de boucles. Ainsi il n'est pas rare qu'au bout de trois tracés, l'enfant s'épuise. La suite ressemble davantage à des vaguelettes qu'à des boucles... Après le récit des expériences de ces deux enseignants, j'ai compris pourquoi je voyais toujours plus d'élèves arriver en 6e sans maîtriser le geste graphique, tenant le stylo dans des positions invraisemblables, incapables de pouvoir écrire sur les lignes, formant les lettres de façon anarchique, épuisés après avoir écrit cinq lignes sur leur cahier. Les non-apprentissages, les non-cadrages des gestes élémentaires ont produit ces multitudes d'élèves mauvais scripteurs. De la *dysgraphie acquise* en quelque sorte ! Vous rencontrerez toujours un parent ou un pédago pour minimiser cette catastrophe avec l'argument fatal : « Bientôt on n'écrira plus à la main, on va passer 100 % au clavier. » Sauf que le geste graphique a un rôle essentiel dans le développement cérébral du petit enfant, il active des mécanismes et des procédures utiles pour d'autres apprentissages. La main et le cerveau fonctionnent ensemble depuis des millions d'années. On a moins de recul sur le lien naturel clavier-cerveau !

Est-ce un hasard si on encourage les enfants à commencer la musique aussi tôt que possible ? Outre l'apprentissage de la gestion du stress et de l'anxiété, apprendre le solfège et un instrument favorise le contrôle et la coordination des gestes, stimule des

Objectif : déraciner la culture

zones cérébrales responsables des fonctions exécutives comme la mémoire, l'attention, la planification et le contrôle opératoire. Des études scientifiques démontrent que grâce à la musique, les enfants accélèrent leur vitesse de traitement et développent des interconnexions dans le cortex cérébral qui améliorent les fonctions cognitives. Il est regrettable qu'en France, à l'école publique, il n'y ait jamais eu de politique publique ambitieuse pour développer l'enseignement musical classique à grande échelle. Les classes musicales sont si rares qu'elles ne bénéficient qu'à quelques privilégiés. Hélas, la musique classique est dans beaucoup d'établissements considérée comme élitiste, inabordable, voire ennuyeuse. Ce sont pourtant ces élèves de l'Éducation prioritaire qui devraient être les premiers emmenés par leurs enseignants au concert ou à l'opéra.

Au début de ma carrière, je constatais que chaque élève qui ne savait pas orthographier un mot simple, ne lisait pas de façon fluide, écrivait de façon désordonnée se voyait classé dans la nébuleuse « dys ». J'ai donc lu sur la dyslexie, discuté avec des orthophonistes. Plus tard, je suis devenue enseignante spécialisée pour les élèves présentant des troubles des fonctions cognitives. Il n'y a aucunement d'épidémie dys, le nombre d'enfants présentant ces troubles restant stable (entre 3 et 5 % de la population générale selon les experts). En revanche, il y a une tendance au surdiagnostic pour des troubles de l'apprentissage ; les méthodes d'enseignement sont responsables et non les dysfonctionnements neurodéveloppementaux. À moins qu'existent la dyslexie ou la dysgraphie

Génération « j'ai le droit »

environnementale ! On a coutume de dire que près de 90 % des enfants qui consultent un orthophoniste ont simplement besoin d'une rééducation avec une méthode appropriée d'apprentissage de la lecture : la méthode syllabique. Méthodes d'enseignement et formation des enseignants sont les deux bouts de la chaîne qu'il faudrait tenir pour remettre l'école élémentaire sur pied et lui permettre de redevenir le lieu où l'on apprend à tous les élèves à vraiment lire, écrire et parler leur langue : le français.

Depuis plus d'une décennie, cette mobilisation a commencé devant les effets catastrophiques des « méthodes actives » et autres avatars du constructivisme pédagogique, mais cette résistance a du mal à s'imposer dans le débat. On la caricature comme une nostalgie de vieux réacs, car elle s'attaque frontalement à la doxa universitaire si influente dans les milieux de la recherche pédagogique, chez les formateurs et dans les corps d'inspection.

« Lire n'est pas deviner[1] »

Après l'antienne sur la baisse ou la hausse du niveau, celle des méthodes de lecture fait partie des débats incontournables quand on évoque la crise scolaire. On entend dire que la méthode globale n'a plus

---

1. Conférence de consensus : « L'enseignement de la lecture à l'école primaire », organisée par le PIREF (Programme incitatif de recherche en éducation et formation) présidé par Antoine Prost, historien de l'éducation.

Objectif : déraciner la culture

cours aujourd'hui, mais celle pudiquement appelée « mixte » répond peu ou prou à cette description.

De récentes enquêtes ont montré que les élèves les plus négativement impactés par la méthode semi-globale étaient les élèves issus de milieux populaires qui n'avaient aucun moyen, hors l'école, de compenser cette méthode inadaptée pour eux. Et paradoxalement, c'est au nom de la rengaine de l'égalitarisme qu'on l'a imposée dans les années 1970 et décrété que la méthode syllabique était d'un autre âge. Un des chercheurs les plus influents parmi les contempteurs de la méthode syllabique a beau décréter que « la guerre des méthodes est finie[1] », il n'y a que lui pour le croire, et les crêpages de chignon autour de la méthode Alvarez en sont une illustration. On entend dire qu'aucun enseignant ne pratique plus la méthode globale, semi-globale ou syllabique pure. Je connais pourtant de nombreux parents qui se plaignent de voir leurs enfants apprendre à lire au moyen d'une méthode fondée sur la mémorisation des mots comme s'il s'agissait d'images. Oui, la méthode idéovisuelle continue d'être pratiquée aux dépens d'un déchiffrage rigoureux et méthodique des syllabes. Il faut le dire, la méthode semi-globale donne l'illusion que l'enfant sait lire rapidement parce qu'il reconnaît des mots courants, mais la réalité est tout autre ! Il est incapable de lire un mot qu'il n'a jamais vu puisqu'il ne sait pas utiliser le déchiffrage syllabique.

Dès l'apparition de cette méthode au début du XXe siècle, des recherches en avaient montré le dan-

---
1. Roland Goigoux dans *Libération*, 2 septembre 2005.

ger à grande échelle. Pourtant on la vit relancée par son gourou, Jean Foucambert, qui a mis la main dans les années 1960 sur la recherche pédagogique, aidé de la grammairienne Éveline Charmeux. C'est ainsi que se diffusèrent largement auprès des enseignants les méthodes globales, sous prétexte de développer « l'intérêt et l'autonomie » de l'enfant pour qu'il trouve attrayant l'apprentissage de la lecture. Apparue à l'origine pour apprendre à lire aux enfants sourds ne pouvant apprendre à lire par le son, (c'est-à-dire la compréhension du phonème), il s'agissait de développer des méthodes d'apprentissage visuelles. Ces méthodes globale, mixte, semi-globale ou analytique – peu importe l'étiquette – ont été étendues à tous les élèves à partir des années 1970-80. Elles conduisent l'élève à mémoriser des mots en les regardant, puis les « lire » en devinant leur sens par analogie avec d'autres mots ou bien selon le contexte. L'Institut national de recherche pédagogique (INRP) où Foucambert régna en maître est devenu dans les années 1970 le repère des croisés de cette pédagogie, obsédés par l'éradication de la « tradition » syllabique. La majorité des formateurs actuels continue à promouvoir la « lecture-devinette » en se gardant bien de dire qu'il s'agit de méthodes idéovisuelles étant donné la réprobation générale dont elles font l'objet aujourd'hui.

À partir des années 1960, parallèlement à la massification scolaire, le temps consacré à la lecture en CP s'effondre de presque un tiers. En effet, on a décrété que l'élève apprenait plus vite et mieux grâce à ces méthodes révolutionnaires ! Il faudra

Objectif : déraciner la culture

attendre quarante ans pour qu'un début de critique institutionnelle commence à poindre. La conférence de consensus de 2003 sur l'enseignement de la lecture a fermement rejeté l'utilisation des méthodes globales. Pourtant, en 2002, la doyenne de l'Inspection générale des lettres, Katherine Weinland, n'éprouvait aucun scrupule à dire que si les élèves de 6ᵉ ne savaient pas encore lire en entrant collège, c'est qu'après tout « ils n'avaient pas encore fini leurs études ! ». Non seulement le temps consacré à la lecture et son apprentissage diminue avec constance[1], mais encore l'institution scolaire se lance-t-elle dans une procrastination délirante en étalant l'apprentissage de la lecture sur plusieurs années : on remet à demain ce qu'on n'arrive pas à faire le jour même.

C'est en me formant pour devenir enseignante spécialisée que j'ai pris conscience de l'importance de ce débat. Sans l'écrire ou le dire clairement, les conseils donnés par nos formateurs pour (ré)apprendre à lire aux élèves à besoins éducatifs particuliers présentant des troubles des fonctions cognitives, parfois sévères et/ou relevant d'un handicap, renvoyaient vers la méthode syllabique. La méthode globale ou mixte est néfaste pour les élèves dyslexiques en raison de leurs difficultés liées à la phonologie. On se demande alors pourquoi cette méthode ne serait pas la meilleure pour tous les enfants. N'avait-elle pas permis à plusieurs générations, de toutes conditions socioculturelles, d'accéder à la lecture ?

---

1. En 1985 par exemple, le volume horaire obligatoire de français n'est plus que de neuf heures par semaine.

Génération « j'ai le droit »

Mes grands-parents maternels étaient de milieu modeste et n'avaient pas fait d'études supérieures, pourtant ils savaient lire, connaissaient les grands principes de calcul. Ils étaient scolarisés dans une classe populaire, en Corse pour mon grand-père, en Tunisie pour ma grand-mère ! Leur école primaire répondait à une vision rigoureuse des apprentissages, l'autorité du maître n'était pas contestée. Ainsi peut-on lire dans les programmes de 1882 dont l'esprit a perduré au moins jusqu'au milieu du XXe siècle : « L'idéal de l'école primaire n'est pas d'enseigner beaucoup, mais de bien enseigner. L'enfant qui en sort, sait peu, mais il sait bien[1]. » À l'époque de mes grands-parents, les programmes prescrivaient la lecture quotidienne en classe (au moins deux heures par jour en CP) et la durée d'acquisition de la lecture courante expressive n'allait pas au-delà du CE1.

Aujourd'hui, les élèves peuvent quitter le cycle 2 (c'est-à-dire la fin du CE2) sans même maîtriser la lecture courante avec explication des mots, qui est le premier niveau d'acquisition de la lecture. Beaucoup quittent l'école primaire sans avoir ces acquis. Ce n'est donc pas un hasard si, en 2014, les cycles furent réorganisés pour étaler les apprentissages du primaire sur le collège puisque désormais le cycle 3 concerne le CM1-CM2 et la 6e ! On institutionnalise l'échec des méthodes et on étale les apprentissages. C'est ainsi qu'on continue à apprendre à lire en première

---

1. Cité dans Agnès Joste et Philippe Le Quéré, « Les programmes de français : de la stabilité au soupçon », art. cit., partie 1, 2013.

Objectif : déraciner la culture

année de collège depuis la réforme portée par Najat Vallaud-Belkacem. Nous nous acheminons ainsi vers les « curriculums » promus par l'Union européenne et l'OCDE qui renoncent à des programmes par niveau et classe d'âge pour étaler les acquisitions sur plusieurs années. Ne reste plus qu'à fixer des connaissances et des compétences basiques à acquérir en fin de cycle pluriannuel. Tant pis pour celui qui peut avancer plus vite, plus haut. Tant pis pour celui qui ne pourra pas atteindre les objectifs malgré l'étirement des apprentissages. L'essentiel pour les technocrates, c'est que la masse avance, tel un troupeau où aucune tête ne dépasse. Sans penser au désarroi des enseignants, qui peut imaginer que les élèves et les familles sont dupes quant à la réalité des acquis en fin de cycles ? Les méthodes d'enseignement comme l'appauvrissement dans l'exigence des contenus sont les vrais responsables de l'échec de notre école et pas seulement l'organisation systémique de l'institution scolaire.

Il n'est donc pas étonnant que les familles, quand elles le peuvent, décident d'œuvrer en parallèle pour la réussite de leur progéniture. Lorsque ma fille, alors âgée de 4 ans, manifesta l'envie d'apprendre à lire, je décidai de m'en charger sans attendre l'entrée en CP. Je voulais tout à la fois répondre à sa curiosité et lui éviter l'éventuelle broyeuse de la méthode « mixte ». Il est facile aujourd'hui de trouver un manuel de méthode d'apprentissage de lecture syllabique. Les éditeurs multiplient les ouvrages pour ces parents qui mesurent l'ampleur du drame pratiqué sur le dos de « leur cobaye d'enfant », et veulent compenser les déficiences de la méthode semi-globale qu'on leur impose. Pour dix euros, j'ai acheté un manuel de lecture et un fichier d'activité, et j'ai appris à lire à ma fille, à son rythme, au gré d'une progression qui allait du plus simple au plus complexe. Elle a d'abord appris la graphie des lettres et les sons afférents, ce qui lui a permis de maîtriser graphèmes et phonèmes, puis les différentes façons de les assembler pour former des syllabes. Progressivement, le déchiffrage complet s'est fait en commençant par des mots simples pour aller vers des mots compliqués. Ce qui est exaltant pour un enfant qui apprend avec la méthode syllabique, c'est qu'il est accompagné pas à pas vers une véritable autonomie : il a les outils pour lire seul tous les mots nouveaux qu'il va croiser. En six mois, ma fille savait lire. Forcément, elle s'ennuya en classe, car sa maîtresse de moyenne section ne voulait pas lui donner de lecture, considérant que c'était une erreur de lui avoir appris à lire « si tôt ». Heureusement, l'enseignante de grande section maternelle l'encouragea à lire des albums à ses camarades et, convaincue qu'elle devait sauter le CP, décida de la préparer sur le plan graphique par des exercices d'écriture cursive de niveau CP. C'est aussi cela la différenciation pédagogique.

La compréhension ne précède pas le déchiffrage ! La plupart des études menées depuis quinze ans ont montré la supériorité de la méthode syllabique sur la méthode dite mixte. Mais là aussi, méfions-nous d'une nouvelle vulgate qui se diffuse comme si on avait découvert la pierre philosophale : les neurosciences vont nous apprendre à enseigner, preuves scientifiques à l'appui. Bientôt l'IRM fonctionnelle pour tous les élèves en début et fin de cycle ? Plaisan-

Objectif : déraciner la culture

terie mise à part, les neurosciences n'inventent rien dans le domaine éducatif, elles démontrent de façon assez convaincante la pertinence de l'approche syllabique au regard du fonctionnement cérébral. C'est bien, mais c'est tout. Faire des neurosciences le b.a.-ba d'une nouvelle pédagogie conduira au même désastre que le délire constructiviste des années 1960-1970.

Une guerre idéologique et politique

« On n'enseigne pas la langue française à un enfant en le faisant réfléchir sur la théorie de cette langue[1] », disaient nos programmes avant la guerre. Depuis que la linguistique a quitté les cénacles universitaires pour se mêler de l'enseignement du français, l'idéologie et le théoricisme prétentieux ont remplacé la pédagogie. Des « chercheurs » ont supplanté l'enseignant, technicien expert de sa discipline qui devrait d'abord enseigner explicitement la langue et non apprendre aux élèves à réfléchir à son sujet de façon quasi conceptuelle !

Ces idéologues ont réduit l'autorité professionnelle à peau de chagrin, comme en témoignent ces quelques lignes extraites d'une circulaire du 18 septembre 1964 : « La place du maître à son bureau, devant ses élèves et souvent sur une estrade, est le signe d'un enseignement conceptuel à base d'autorité. On supprimera donc l'estrade. Le maître doit avoir,

---

1. Instructions pour l'enseignement du français dans le secondaire, 1938.

Génération « j'ai le droit »

sur le même plan que l'ensemble de la classe, son coin à lui. » On n'a donc pas attendu Mai 68 comme le croient certains. Ainsi, c'est à Alain Peyrefitte, sous de Gaulle, que l'on « doit » la nomination de Louis Legrand à la tête de ce qui deviendra l'INRP, un des gourous du pédagogisme influent jusqu'aux années 2000. Fervent militant de la « pédagogie fonctionnelle », de la pédagogie « de projet » et autres formules du même acabit, l'objectif de Legrand est de mettre en sourdine la voix du maître pour laisser l'élève acquérir ses savoirs par lui-même, ce qui signifie patauger « en toute autonomie ». Cette pensée trouvera sa reconnaissance officielle avec la loi Jospin de 1989, d'une part en organisant la scolarité en cycles, comme on l'a vu, pour mieux délayer les enseignements dans le temps, d'autre part en plaçant l'élève en situation « d'acquérir un savoir et de construire sa personnalité par sa propre activité[1] ». C'est le fameux « élève au centre du système éducatif », paradigme sur lequel aucune autorité institutionnelle ou académique n'ose revenir.

Pourtant, au quotidien, des enseignants continuent de résister en publiant ou en militant dans des associations professionnelles. Ils mettent les savoirs au centre du système. Mais l'immense majorité des professeurs, surtout ceux de l'école élémentaire, n'ont pas mesuré l'emprise de ces idéologues, et pour cause : dès leur formation initiale, ils se retrouvent entre leurs mains. Les professeurs des écoles, sans spécialité disciplinaire et venant d'horizons de plus

---

1. *Bulletin officiel de l'Éducation nationale*, 31 août 1989.

Objectif : déraciner la culture

en plus éloignés des savoirs universitaires, sont nettement plus perméables au pédagogisme que leurs collègues de collège et lycée. Le charabia de certains experts en didactique hypnotise certains politiques et surtout de jeunes enseignants qui ne connaissent rien au monde de l'enseignement. Ces Tartuffes ont détruit l'enseignement de la langue notamment par le principe du décloisonnement. Désormais, on travaillera la grammaire ou l'orthographe au fil de la lecture d'un texte littéraire, actant ainsi l'interdiction, devenue officielle, de consacrer des leçons spécifiques à l'orthographe et la grammaire. Il est accablant de savoir que l'enseignement décloisonné avait été expérimenté au début du XXe siècle puis abandonné en 1925 après évaluation de son inefficacité. Cela n'empêcha pas nos experts et nos ministres dans les années 1980-1990 de le réhabiliter, pour y renoncer à la fin des années 2000. Mais beaucoup d'enseignants n'y ont pas renoncé, car ils ne savent pas faire autrement ! Entre-temps, combien d'élèves auront été privés de vraies leçons de grammaire et d'orthographe ?

Pour ces chercheurs, la leçon de grammaire négligeait « l'activité intelligente des élèves ». Il fallait cesser de l'enseigner. Pour eux, la langue n'est plus normative, elle n'est qu'un outil de communication qui varie en fonction des « situations d'énonciation ». Cela explique l'importance accordée à l'oral aux dépens de l'écrit pour ce courant pédagogique. Dans l'actuel programme de français de 6e, on exige que l'essentiel de la participation des élèves se fasse oralement. Il faut éviter de transmettre une langue héritée des classes cultivées par définition oppressives, de même

Génération « j'ai le droit »

qu'enseigner le latin et le grec consistait à perpétuer un système élitiste et inégalitaire. On rejoint ainsi l'objectif que François Dubet assigne au système scolaire, puisqu'il déclarait en 2001 que le contenu des savoirs doit être établi à partir de « ce que doit savoir le plus faible des élèves quand il sort du collège ». C'est dire l'abaissement du niveau d'exigence culturelle ! Du primaire jusqu'au bac, les élèves seront évalués sur leur capacité à utiliser des outils de communication technique les plus courants possible au détriment d'une articulation rigoureuse et imaginative de la langue pour exprimer leurs pensées. Comme le résument Agnès Joste et Philippe Le Quéré : « Puisqu'on ne peut plus convaincre ("acquiescement intellectuel") lorsque la référence n'est pas commune, on va persuader ("susciter une certitude"), c'est-à-dire attirer lecteur ou auditeur dans sa sphère personnelle, par un ensemble de techniques persuasives de discours, quel que soit le sujet abordé[1]. » Apprendre une langue de com' en quelque sorte, suffisante pour tweeter...

La principale conséquence de cette pédagogie est d'éradiquer la mémorisation grammaticale. Pour enfoncer le clou, dans un mouvement d'épuration, l'Inspection générale de lettres au début des années 2000 a décidé de rebaptiser la grammaire[2] « observation réfléchie de la langue » ! En effet, il ne s'agit plus d'enseigner l'art des belles-lettres mais d'une technique

---

1. Agnès Joste et Philippe Le Quéré, « Les programmes de français : de la stabilité au soupçon », art. cit, partie 3, 2014.
2. Du mot d'origine grecque *grammatikê* relatif à « l'art de lire ou d'écrire ».

Objectif : déraciner la culture

de communication où des locuteurs échangent des informations. Dans les instructions des programmes en 2002, on peut lire que « la conjugaison est, au cycle 3 [fin du primaire], centrée sur l'observation des variations qui affectent les verbes ». L'enseignant ne doit plus faire mémoriser aux élèves la morphologie verbale en fonction des temps, des personnes et des modes, il doit leur faire « observer » comment les verbes se transforment, comme s'il s'agissait de larves et de papillons[1]. Pourquoi ne pas se contenter d'observer les variations de chiffres qui affectent les nombres quand on multiplie plutôt qu'apprendre par cœur ses tables de multiplication ? On comprend mieux la colère en 2008 des gourous du pédagogisme lorsque les programmes promus par Xavier Darcos ont proposé un retour à des démarches d'enseignement explicites, une valorisation des exercices de rédaction et de dictée, et le retour de la leçon de grammaire.

« Le temps est père de vérité » (Rabelais)

Pour peu que la méthode soit bonne, si l'on veut enraciner durablement un savoir, il faut lui consacrer un temps d'enseignement adéquat. Tout enseignant éprouve l'élasticité de ce temps en fonction de sa classe : quand cinquante minutes de cours suffiront à faire passer une notion à telle classe, avec telle autre, il

---

[1]. Michel Buttet et Luc Richer ont écrit un article sur cette question, « Le français sans l'apprendre », dans l'ouvrage collectif *Les Programmes scolaires au piquet* (Textuel, 2006).

en faudra peut-être le double. C'est pourquoi alourdir les programmes en continuant à réduire les horaires disciplinaires est non seulement une absurdité, mais c'est surtout le meilleur moyen de faire échouer la démocratisation scolaire. La faute originelle n'est à imputer ni au « collège unique » en tant que structure ni à la massification scolaire, phénomène inévitable pour un État moderne. La faute réside plutôt dans l'incapacité à maintenir une véritable exigence culturelle et les moyens horaires pour la porter. Tous les courants politiciens ont accepté de sacrifier l'école sur l'autel d'intérêts bassement économiques autant que de l'abandonner aux délires pédagos pour faire croire que nos gouvernants s'intéressent à l'éducation.

La démocratisation scolaire entamée dans la deuxième moitié des années 1960 a conduit logiquement à un bouleversement démographique du système scolaire. Quand, en 1970, 20 % d'élèves d'une génération obtenaient le bac, le pourcentage s'élève aujourd'hui à presque 80 % (bacs général, technologique et professionnel). C'est en s'appuyant sur ce genre de comparaison que certains essaient de convaincre l'opinion que le niveau monte, en oubliant de préciser que les exigences de connaissances au baccalauréat de 2017 ne sont pas celles de 1970. La démocratisation revient à donner un accès aux savoirs à tous et non plus à une « élite ». Elle n'a donc pas suivi le processus de massification, symbolisé par l'arrivée d'enfants des classes populaires au collège-lycée. L'historien Antoine Prost voit juste quand il parle de l'échec de cette « démocratisation quantitative » : les cursus scolaires demeurent inégaux selon les classes

Objectif : déraciner la culture

sociales, et d'ailleurs le système n'a cessé de créer des niches d'excellence pour répondre aux parents soucieux de faire réussir leurs enfants. Des parents qui n'acceptent pas la baisse générale des exigences culturelles et scientifiques. Nous, les enseignants, sommes d'ailleurs les mieux placés pour savoir où scolariser nos enfants, comment choisir les bonnes niches (classes musicales, classes bilangues, etc.) ou les bons établissements publics. J'ai très rarement rencontré des collègues qui laissaient leur enfant dans un établissement type ZEP, sans parler du nombre grandissant de profs du public qui scolarisent leur progéniture dans le privé !

Cet échec de la démocratisation s'explique par le déracinement des savoirs culturels les plus exigeants. Mais il ne faudrait pas omettre la baisse constante des horaires affectés à l'enseignement du français depuis la réforme Haby en 1975. Plus les classes ont gagné en hétérogénéité du fait de la massification, plus les horaires de français ont régressé. Or, c'est l'inverse qui aurait dû se produire. Entre le collège d'enseignement secondaire (CES) jusqu'en 1976 et le collège unique[1], les élèves de 6ᵉ et 5ᵉ ont perdu pas moins de 36 heures annuelles de français sans compter toutes les heures dédoublées. Les enseignants qui avaient deux classes de 6ᵉ se retrouvent avec quatre classes, ce qui en dit long sur la déroute des dotations horaires disciplinaires. En 1996, François Bayrou est passé à la vitesse supérieure en introduisant la déréglementation des horaires.

---

1. Le collège unique naît de la réforme Haby (1975) unifiant les CES et les collèges d'enseignement général (CEG).

Génération « j'ai le droit »

Ainsi l'institution fixa-t-elle nationalement un minimum d'heures (horaire plancher) par discipline, mais le quota d'heures restant est à la discrétion du chef d'établissement. On voit que « l'autonomie des établissements » n'est pas une récente lubie du ministère.

La déréglementation horaire a été présentée comme un « progrès démocratique » pour s'ajuster aux besoins locaux spécifiques. Pourtant, elle produit souvent le résultat inverse : d'un établissement à l'autre, les horaires disciplinaires peuvent considérablement différer. Une fois la dotation horaire transmise par le rectorat, les chefs d'établissement négocient sa répartition avec les équipes enseignantes. Commence une rude compétition : projet contre projet, rapports de force entre équipes. Avantage à celles qui sont dans les petits papiers du chef, qui proposent un projet dans l'air du temps (le vivre-ensemble et autres déclinaisons de l'antiracisme institutionnel, la réflexion sur le genre, la gestion du stress, le *team building* version ado). Les dotations horaires des disciplines se font dans l'arrière-cuisine des établissements, lorsque les répartitions sont présentées au conseil d'administration où siègent parents et enseignants, l'heure n'est plus à la discussion, mais à l'enregistrement. Les chefs d'établissement, doués pour rendre les tableaux Excel illisibles, peuvent clore toute forme de débat en renvoyant systématiquement les contestataires vers l'échelon supérieur : « Moi je fais avec ce que le rectorat me donne. » Circulez ! En attribuant un nombre important d'heures non plus aux disciplines mais à l'établissement, on a renforcé les inégalités. Plus de la moitié des heures de cours en classe de Seconde ne relèvent plus d'un

Objectif : déraciner la culture

cadrage national. D'un lycée à l'autre, les horaires de français ou de maths varient, et cette cuisine interne, les familles et les élèves ne la connaissent pas.

Le débat sur l'autonomie des établissements ne me paraît pas posé dans les termes qui conviennent. Déléguer certains pouvoirs du ministère au niveau local est une belle idée, mais si les compétences et les moyens ne sont pas transférés, quels en seront les bénéfices réels pour la communauté scolaire ? J'ai observé au fil des ans que nos chefs d'établissement étaient désormais formés selon les normes du management d'entreprise. Or le service public d'éducation me semble relever d'une tout autre mission que « produire » du chiffre. « L'école doit être efficace », tel est le nouveau mantra. Mais les taux de réussite aux examens ne démontrent pas l'efficacité de l'école : l'état du lien social et les fractures culturelles profondes de notre société démontrent que l'école n'est pas « efficace », en dépit des 87 % de lycéens bacheliers !

Déraciner la littérature et les beaux-arts

C'est bien la force de la littérature que de permettre à chacun d'entrer dans une pensée plus grande que la sienne, d'explorer un monde plus ample que le sien et de s'insérer dans un héritage culturel. La littérature n'a pas de frontières, elle rassemble au-delà des particularismes individuels. Sa place est pourtant réduite à la portion congrue aujourd'hui.

Génération « j'ai le droit »

Au cours des trente dernières années, les enseignants de français se sont vu imposer un relativisme culturel par les champions du structuralisme. N'importe quel texte était « de la littérature », puisque tout n'était qu'appréciation subjective du lecteur. Tous les lecteurs se valent, toutes les œuvres aussi. À quand Marc Lévy ou Raphaëlle Giordano au baccalauréat car si ça se lit/se vend, « ça » doit bien égaler Balzac ou Madame de La Fayette ? « J'ai le droit » de préférer les romans de gare en effet, mais l'école doit éveiller à autre chose qu'aux facilités du goût personnel. La fille de la guichetière imaginaire de Nicolas Sarkozy doit-elle renoncer à étudier *La Princesse de Clèves* pour *Les Yeux couleur de pluie* qui comptabilise plus d'avis favorables sur Amazon que les aventures raffinées de Mademoiselle de Chartres ? Lorsque Nicolas Sarkozy ironisa bêtement sur l'œuvre de Madame de La Fayette, il fut ahurissant d'entendre certains s'indigner de son inculture alors qu'eux-mêmes ont œuvré à l'éradication des grandes œuvres de la littérature dans le cursus scolaire.

Comment enseigner sans définir une culture littéraire qui permette aux élèves français de s'inscrire dans une histoire, une civilisation ? Pendant longtemps, ce furent les œuvres du XVIIe siècle, considéré comme l'âge d'or de la littérature française, qui étaient étudiées dès l'école primaire. Il faut attendre le programme de 1965 pour voir la littérature du XXe siècle entrer dans le cursus en classe de terminale littéraire, et c'est aussi le moment où l'étude d'œuvres complètes est rendue obligatoire, car jusqu'ici on étudiait essentiellement des extraits d'œuvres. Longtemps, en dépit des

Objectif : déraciner la culture

instructions officielles, l'étude de l'histoire littéraire a précédé l'enseignement de l'étude des textes. Les enseignants de français ont durablement continué à orienter l'étude des textes par l'histoire littéraire aux dépens, peut-être, des œuvres intégrales. Moi-même au collège puis encore en Seconde, j'ai beaucoup travaillé sur le manuel *Lagarde et Michard* parallèlement à l'étude de quelques œuvres complètes. C'est ainsi que j'ai pu acquérir une vision générale de ce qu'était la littérature française, prendre plaisir à lire certains auteurs, feuilleter le manuel pour découvrir des auteurs que je ne connaissais pas. Ces six volumes, véritable panorama de la littérature française du Moyen Âge à nos jours, mettaient à la portée des élèves des textes d'une richesse formidable présentés selon une progression chronologique qui, bien qu'arbitraire, avait le mérite de donner à l'élève une vision claire de cette galaxie unique qu'est la littérature française. C'est pour cela que le *Lagarde et Michard* fut tant honni par les pédagogistes qui y voyaient l'incarnation du conservatisme culturel avec son appareil critique abordant par exemple la dimension morale d'un texte. Pourtant, de nombreux étudiants préparant des examens le trouvent toujours utile pour aborder une période littéraire dont ils ne sont pas fins connaisseurs.

L'œuvre littéraire, transformée en une construction technique, perd toute valeur formatrice de l'esprit. Déshumanisée, elle n'est plus qu'un prétexte pour étudier un « contenu objectivable[1] » défini par les pro-

---

[1]. Terme utilisé par l'inspecteur général Alain Boissinot, artisan de cette instrumentalisation dans les années 1990-2000.

grammes. À partir de la fin des années 1970, des textes non littéraires furent introduits dans les programmes de français, avec pour objectif d'apporter un « contenu d'information ». Mais la littérature ne relève pas d'une objectivité scientifique, lire n'est pas un geste technique. C'est prendre un risque, celui d'emprunter les chemins sinueux et incertains de la morale, de la beauté, de l'héroïsme, des passions humaines. La littérature est dangereuse car elle ouvre l'esprit sur des mondes inconnus. La réduire à des figures de style et des typologies discursives est un appauvrissement culturel. Plus que jamais, le pouvoir émancipateur de la littérature fait peur dans nos sociétés de formatage idéologique. Toutes les réformes ont cherché à transformer l'étude de la littérature en activité technique « selon une démarche inductive » de l'élève, comme le précisent les programmes de 1997. Qui peut imaginer que cela cultivera le goût de lire chez nos élèves sous l'emprise des images, du ronronnement publicitaire et du signal sonore annonçant la réception du millième texto de la journée ?

Des études ont démontré que la fréquentation de la littérature avec l'accompagnement explicite de l'enseignant permettait aux élèves de milieux défavorisés d'améliorer leur niveau culturel. Ne serait-il pas temps de remettre en œuvre une pédagogie de la culture centrée sur les grands textes littéraires aussi éloignés que possible dans le temps et le propos de nos élèves, enlisés dans un présentisme sec ? Il en va de même pour l'histoire, instrumentalisée depuis des décennies à l'école.

5.

L'histoire : l'enjeu idéologique majeur

La polémique sur la vision de l'histoire de France de l'ouvrage collectif dirigé par Patrick Boucheron a récemment illustré les lignes de fracture idéologique qui perdurent parmi les historiens, et plus généralement dans une opinion française passionnée par ce sujet. Le livre affichait un assemblage hétéroclite de textes – peu fréquent dans les ouvrages qui se veulent académiques – dont l'effet était l'émiettement de l'histoire nationale pour la réduire en poussière. La volonté de glorifier une France pluraliste qui ne devrait sa grandeur qu'aux migrations à chaque période charnière de son histoire était si démonstrative qu'elle en devint grossière. Le projet politique n'aura donc échappé à personne, marketé sans habileté à quelques encablures de la présidentielle : il s'agissait de « lutter contre le rétrécissement identitaire », apanage réactionnaire s'il en est. Des historiens de renom, comme Pierre Nora, ainsi que des revues sérieuses eurent beau souligner les insuffisances tant méthodologiques qu'intellectuelles de l'ouvrage, la bien-pensance avait trouvé « l'antidote à toutes les pseudo-identités nationales » comme on put le lire dans *L'Obs*. L'essentiel du débat tourna autour du « roman national », véritable obsession des apôtres de la déconstruction. Hélas, le débat ne se trouve même plus autour de la controverse sur le roman-récit national, nous en sommes au point où l'on peut s'interroger sur la survie même d'une discipline, en tout cas dans le champ scolaire, terrain d'expérimentations des plus hasardeuses.

Le mouvement s'est accéléré pour que l'histoire scolaire cesse de transmettre des savoirs culturels solides qui fondent une identité française commune. Développer une intelligence du temps et de l'espace chez le futur citoyen, armer – tant que faire se peut – une société contre des errements politiques qui l'éloignent de son humanité, ne sont plus des priorités. L'histoire est devenue en vingt ans l'otage des identités et des mémoires qui clament chacune « leur droit » dans une concurrence effrénée avec des revendications mémorielles. L'histoire nationale ne peut que disparaître sous les coups des « j'ai le droit » de ses victimes autoproclamées, voire autoengendrées.

Les objectifs idéologiques et moraux assignés à l'histoire scolaire depuis plusieurs décennies sont en décalage avec l'idée de son enseignement. L'histoire a fait l'objet d'un irréductible gâchis. Partout présente autour de nous, par ses œuvres artistiques et architecturales, ses référentiels littéraires, ses symboles, elle est de plus en plus invisible, illisible pour la majorité, privée des connaissances pour l'aimer. Certains beaux esprits peuvent moquer les vulgari-

L'histoire : l'enjeu idéologique majeur

sateurs comme Stéphane Bern, Franck Ferrand ou Loràmt Deutsch, mais nous devrions leur savoir gré de permettre aux Français d'assouvir leur passion pour l'histoire. Le parc du Puy du Fou en est aussi une illustration, il attire plus de deux millions de Français chaque année. À l'instar de la littérature, tant d'universitaires depuis les années 1960, dans le sillage du structuralisme et du matérialisme historique, ont fait de l'histoire une discipline aride, parfois suffisante, cultivant le relativisme aux dépens de l'Histoire de France qui devait cesser d'être appréhendée sous l'angle étroit, voire dangereux, de la nation.

Sur l'usage politique de l'histoire scolaire

Il n'est pas un remaniement des programmes qui n'ait donné lieu à des empoignades via des tribunes de presse virulentes, des débats houleux se terminant irrémédiablement par la victoire de la « réforme ». Et le sujet retombe dans l'oubli médiatique jusqu'aux prochains « nouveaux » programmes. Et ainsi de suite à l'infini...

L'immense majorité des enseignants d'histoire-géographie de nos collèges et lycées sont historiens de formation. Les géographes sont rares. À la différence de l'histoire, la géographie ne rameute d'ailleurs ni l'opinion ni les intellectuels quand il s'agit de conspuer les nouveaux programmes. Il y aurait pourtant fort à dire sur la dérive de son enseignement, centré désormais quasi exclusivement sur la mondialisation économique, la notion de métropolisation et le développement durable. Si l'histoire reste une passion française, la géographie non ! Les connaissances en géographie physique ont été réduites en trois décennies à la portion plus que congrue, se limitant à quelques grands repères. Personne ne s'en émeut publiquement. Je défie quiconque de demander à son enfant, collégien ou lycéen, de citer et localiser un ou deux affluents de la Seine, voire de définir le terme « affluent ». Quel lycéen connaît l'altitude des grands sommets français et européens ? Quel collégien peut situer le plateau de Millevaches ou la plaine de la Limagne ? À quoi certains beaux esprits vous répondront : « Mais à quoi ça leur servirait de savoir cela ? ». C'est que nous vivons une époque où les savoirs doivent être utiles sous peine d'être disqualifiés, c'est aussi cela le règne de l'efficacité. Derrière ce souci d'efficience perdure ce mécanisme permettant à certains privilégiés qui disposent de ces savoirs inutiles de se différencier de la multitude pour maintenir leur autorité. La culture est l'outil politique de domination bien davantage que le capital financier ! La nouveauté réside dans le discours des privilégiés : ils récusent toute appartenance à la classe de privilégiés, se défendent d'être une élite, prétendent même œuvrer à la démocratisation culturelle. Cette hypocrisie est devenue révoltante pour une majorité de citoyens.

Le prof d'histoire est un petit pion qui ne vaut pas grand-chose, aussi déprécié que le collège unique où il enseigne, avec son master d'histoire et son CAPES, son petit salaire et son horizon de carrière misérable. Méprisé par les universitaires, voire certains ministres,

L'histoire : l'enjeu idéologique majeur

recteurs et inspecteurs souvent dédaigneux en « *off* ». À différentes occasions, j'ai constaté ce mépris dans lequel nous étions tenus par ces responsables qui pensent, comprennent, savent tout mieux que nous, les péquenots du terrain ! Tant d'entre eux n'ont jamais mis les pieds dans une classe ou alors pendant deux ou trois ans dans un lycée de centre-ville, attendant d'être exfiltrés grâce à leurs réseaux de l'ENS, de Sciences Po etc. Ceux-là dont Péguy disait : « Nous n'avons aucune sécurité avec ces jeunes gens qui se faufilent directement dans l'enseignement supérieur de l'histoire, évitant soigneusement tout contact avec les désagréables réalités[1]. »

De la même façon que je respecte infiniment l'artisan qui travaille de ses mains pour un salaire modeste, les profs d'histoire sont « cette classe moyenne qui fait la force de la nation des historiens[2] ». Précisément parce qu'ils ont choisi d'être au contact des réalités du terrain. Moi qui m'en suis éloignée trois ans pour rejoindre la haute fonction publique[3], je sais pourquoi j'ai refusé de renouveler mon détachement pour retourner en classe. Je pensais – et m'efforce de le penser encore – que l'enseignant n'est pas ce à quoi le dévoiement du système du fonctionnariat républicain l'a réduit : un représentant de l'État. Il est « le

---

1. Charles Péguy, *De la situation faite à l'histoire*, dans *Œuvres en prose complètes*, Gallimard, coll. « Bibliothèque de la Pléiade », t. II.
2. *Ibid.*
3. En tant que chargée de mission au Haut Conseil à l'intégration entre 2008 et 2011.

représentant de personnages moins transitoires », pour reprendre Péguy, « il assure la représentation de la culture. C'est pour cela qu'il ne peut pas assumer la représentation de la politique, parce qu'il ne peut pas cumuler les deux représentations[1]. » Lorsque j'ai commencé ma carrière, je portais cette conviction, aujourd'hui désuète, que l'enseignant était le représentant de la culture et de l'humanité pour le bien du peuple. Qu'il n'avait à se commettre dans aucune de ces vaines querelles idéologiques, éloignées des savoirs culturels et de la pédagogie. C'est dire l'ampleur du désenchantement après à peine un an d'exercice. Il était bien évident que nous n'étions considérés ni par les élèves ni par les familles ni par nos supérieurs hiérarchiques, encore moins par l'opinion générale comme les représentants de la culture puisque celle-ci n'avait plus rien à voir avec l'école.

Une fois ma titularisation obtenue, je décidai d'enseigner à ma façon, sans trahir les programmes mais sans céder aux injonctions dont j'avais constaté les lacunes dès l'IUFM. Jamais au cours de mes inspections, il ne m'a été reproché de ne pas suivre servilement les directives de l'Inspection générale qui se fait souvent l'écho d'un pédagogisme décroché du terrain. Les « petits profs » ne sont pas toujours les moutons qu'espèrent l'Éducation nationale, le Conseil supérieur des programmes et une brochette d'inspecteurs ou d'autres experts en « sciences de l'éducation ».

Aussi vrai qu'il existe une liberté pédagogique, les enseignants sont toutefois tenus au respect scrupuleux

---

1. Charles Péguy, *Œuvres en prose complètes*, *op. cit.*, t. I.

L'histoire : l'enjeu idéologique majeur

des programmes officiels, corsetés par les horaires dévolus à la discipline. À l'histoire et la géographie s'est rajoutée en 1985 – après une éclipse de seize ans – l'éducation *civique*, puis l'enseignement *moral* en 2013. L'élargissement « disciplinaire » a continué quand il incombait au prof d'histoire-géo de faire passer le brevet de sécurité routière, d'animer des ateliers sur l'hygiène buccale, d'encadrer les élèves au forum des métiers (expériences vécues). Sans oublier les multiples réformettes appelant à la mise en œuvre du Graal de la transdisciplinarité : des itinéraires de découverte (IDD) aux fameux enseignements pratiques interdisciplinaires (EPI) en passant par les travaux personnels encadrés (TPE) au lycée.

On revient sans fin au paradoxe de la démocratisation et de la massification scolaire : promouvoir des programmes toujours plus ambitieux sans moyens pour les accomplir. Le prof d'histoire-géo et ses élèves courent après le programme, sautent de siècle en siècle dans un zapping perpétuel qui démobilise tout le monde. Et lorsqu'à force de s'en plaindre, ils sont entendus par le ministère, cette revendication est prise comme prétexte pour sabrer dans les programmes. Pour dégager du temps, on tire un trait sur l'étude de périodes historiques devenues accessoires au regard d'autres faits en lien avec les intérêts sociopolitiques du moment : par exemple, exit les causes de la Première Guerre mondiale pour faire place au « Respect des autres dans leur diversité » (éducation civique et morale). En contrepoint, les annonces du candidat de la droite à l'élection présidentielle de 2017 concernant son projet de « réécrire

Génération « j'ai le droit »

les programmes d'histoire avec l'idée de les concevoir comme un récit national » étaient-elles crédibles quand on se souvient que ledit candidat fut ministre de l'Éducation nationale puis Premier ministre et que rien de tel n'a eu lieu alors qu'il était aux manettes ?

Jusqu'où ira la concurrence des mémoires ?

Si l'histoire doit avoir une couleur, ce serait le gris, et pourtant elle est constamment instrumentalisée, offrant parfois l'image d'une caricature des faits en noir et blanc, comme je l'avais déjà exprimé dans une tribune publiée par *Libération* au moment des débats virulents sur l'article 4 de la loi du 23 février 2005. J'y exprimais ma crainte de voir « l'histoire scolaire céder aux sirènes du tribunal médiatique pour réduire le récit historique à celui de nos crimes ou de nos prétendues gloires[1] ». Ce débat illustrait « non pas tant une surenchère des mémoires ou de concurrences des victimes qu'un déploiement d'énergies politiques, voire politiciennes ou violentes, visant le long terme par une mise sous tutelle des cerveaux d'une future génération de citoyens ». Je suis opposée à toutes les lois dites mémorielles car légiférer sur l'histoire pose de sérieux problèmes démocratiques et ouvre d'inquiétantes perspectives judiciaires à une époque où des groupes de pression conduisent une guerre idéologique sur le dos de l'histoire.

---

1. « Histoire, ni en blanc ni en noir », *Libération*, 13 décembre 2005.

L'histoire : l'enjeu idéologique majeur

Cette concurrence mémorielle est d'autant plus rude en France que l'histoire occupe une place singulière dans notre culture, en particulier depuis que les successeurs des Lumières ont décidé d'en faire une discipline d'enseignement. Tout au long du XIXe siècle, à l'école primaire principalement, l'histoire scolaire s'est élaborée et ancrée dans les consciences collectives comme constitutive de l'identité nationale. La France a toujours assumé l'idée d'utiliser l'histoire comme fondement de la légitimité des différents régimes politiques français, et bien sûr les dirigeants de la IIIe République ont particulièrement contribué à enraciner cette vision civique nationale de l'enseignement de l'histoire.

À partir de la défaite de 1870, les divisions au sein de la nation étaient perçues par les républicains comme un obstacle majeur au redressement du pays et au développement de cet indispensable patriotisme qui porterait nos gloires futures, principalement la revanche sur l'Allemagne. De très nombreux historiens ont expliqué cet usage de l'histoire nationale par la IIIe République autour de la notion d'unité, qu'il s'agisse du récit sur le renforcement du pouvoir monarchique, la Révolution ou l'Empire. L'école de la République laïque voulait créer une conscience patriotique digne des enjeux incertains de son temps. Ce projet trouvera sa réalisation dans l'engagement citoyen durant le premier conflit mondial. La barbarie de la guerre aura finalement raison de ce patriotisme sinon aveugle, du moins peu critique. Dans l'entre-deux-guerres, historiens et intellectuels ont discuté avec véhémence l'instrumentalisation de l'histoire au service de la politique, voire de la géopolitique. C'est une des bases idéologiques de l'école des Annales autour de deux grands universitaires, Lucien Febvre et Marc Bloch dans les années 1920-1930.

Désormais, l'histoire ne sera plus un récit. Plus seulement articulée autour d'événements majeurs et de personnages historiques, elle aspirera à de plus larges horizons en se décentrant de l'approche chronologique, favorisant l'histoire sociale et économique, celle des petites gens anonymes. Lucien Febvre, Fernand Braudel ou Marc Bloch seraient toutefois étonnés de voir comment l'« histoire-problème » transposée dans l'espace scolaire a été caricaturée, simplifiée, pour ne pas dire trahie dans son exigence intellectuelle et la rigueur de sa construction par les pédagogistes et didacticiens de l'histoire depuis les années 1980. C'est après la Seconde Guerre mondiale que cette approche universitaire est devenue influente. Elle comptait dans ses rangs de plus en plus d'historiens influencés par un néomatérialisme historique vaguement marxiste. Leur ambition hégémonique du point de vue idéologique ne faisait aucun doute, à la différence des personnalités fondatrices des Annales qui étaient des intellectuels engagés et non des idéologues au service d'une Vérité.

Certaines de ces approches sont d'ailleurs des formes plus militantes et radicales fort implantées dans les « sciences sociales » depuis vingt ans sur le modèle d'une gauche radicale américaine. L'Université française a souvent au moins deux décennies de retard sur les courants idéologiques anglo-saxons et singuliè-

L'histoire : l'enjeu idéologique majeur

rement américains qu'elle se plaît à copier servilement en faisant croire qu'elle ouvre une nouvelle voie.

Avec l'influence de « l'histoire-problème », le cadre national qui définissait l'enseignement de l'histoire à l'école s'est effacé à partir des années 1970 au profit notamment d'une histoire européenne et mondiale. Au nom de l'européisme et d'un angélisme libéralo-libertaire, le septennat de Valéry Giscard d'Estaing a accompagné ce courant devenu dominant sous l'ère mitterrandienne. L'histoire a donc toujours fait l'objet d'un usage politique à l'école et dans l'opinion. Il est curieux de voir quelques historiens ingénus s'offusquer de cet état de fait, au point par exemple de se constituer en Comité de vigilance face aux usages publics de l'histoire (CVUH). Il faut dire que cette association apparaît dans un contexte idéologique singulier qui en éclaire son orientation paradoxalement très politique : elle est fondée en 2005 contre l'article 4 de la loi du 23 février, qui évoque « les effets positifs de la colonisation » et son enseignement. Jusque-là, rien ne les avait assez émus ni révoltés pour former une association visant à « exercer leur vigilance et porter un regard critique sur les usages et mésusages publics de l'histoire ». Ce « comité » traque depuis plus d'une décennie tous propos ou écrits offensant l'historiquement correct progressiste avec une attention particulière aux thèmes chers du multiculturalisme : la colonisation, l'esclavage, l'immigration, la laïcité, l'enseignement du fait religieux. On les a beaucoup entendus durant le quinquennat Sarkozy s'élever contre « le modèle Lavisse » sur lequel l'ex-président aurait pris exemple, ce qui n'est pas sans faire sourire sachant l'absence de

Génération « j'ai le droit »

profondeur historique et philosophique de la pensée de Nicolas Sarkozy. Leur indignation, pour ne pas dire la rage haineuse, à voir un historien comme Patrick Buisson conseiller un président les ridiculise, car n'importe quel historien ou intellectuel sait que l'histoire a toujours eu un usage politique. Talleyrand n'aurait fait qu'une bouchée du CVUH ! Quoi de nouveau ou d'extravagant à voir des chefs d'État chercher un peu de nourriture intellectuelle et de vision chez des Buisson, Attali, Guaino, Debray ou Orsenna, pour citer des conseillers qui ont « pensé » quelque chose et pas simplement fourni de la com' au président en place. On n'aura en outre pas entendu les CVUH et consorts durant le quinquennat Hollande, sinon pour défendre la réforme des programmes d'histoire en 2015 qui promettait une « lecture renouvelée du passé ».

Quel récit historique enseigner ?

L'histoire est événement *et* récit de l'événement. Mais le récit historique ne fait plus vraiment recette dans le monde des sciences de l'éducation, en particulier en didactique de l'histoire[1]. Le récit doit être

---

1. Au lecteur qui souhaite avoir un aperçu du verbiage influent dans le domaine universitaire et scolaire de la didactique de l'histoire – discipline en plein essor depuis les années 1990 – nous « conseillons » la lecture de l'article de Nicole Lautier et Nicole Allieu-Mary : « La didactique de l'histoire », *Revue française de pédagogie*, janvier-mars 2008, n° 162. Attention au risque de somnolence.

L'histoire : l'enjeu idéologique majeur

lui aussi déraciné. Pourtant, dès son origine, l'histoire est d'abord récit : si Hérodote, fondateur du récit historique au Ve siècle av. J.-C., tente de s'écarter du recours au mythe, son œuvre est avant tout celle d'un conteur. De même, si Thucydide impose un exposé clair et rigoureux des faits aspirant à l'exhaustivité des témoignages et la formulation d'une vision critique, son souci de la beauté du récit lui fait réécrire les faits pour coller à son projet de réaliser « un capital impérissable ». L'histoire occidentale fut une histoire chrétienne en particulier au Moyen Âge dont la riche tradition historiographique a longtemps pâti de la critique humaniste de la Renaissance. Comme si entre l'Antiquité et la Renaissance, ces *medii ævi* n'avaient produit aucune œuvre historique sous prétexte que la théologie et le droit écrasaient l'histoire, réduite à une œuvre de morale. On connaît aujourd'hui la richesse de l'histoire médiévale, l'importance du rôle des clercs dans cette écriture mais aussi l'émergence au XIIe siècle d'un public laïque et cultivé qui contribua à la naissance d'une histoire nationale écrite en français. À partir des XIIe-XIIIe siècles, les dynasties royales et la monarchie française en particulier se trouvèrent dans le récit historique un outil de légitimation du pouvoir, notamment à travers les chroniques. Au XIIe siècle, par exemple, tout homme cultivé savait qu'il descendait des Troyens. Le mythe des origines dans chaque civilisation permet de fonder la légitimité du pouvoir en place et aussi de créer une identité partagée.

De Clovis aux Gaulois en passant par les Troyens, il s'est agi pour un peuple aux origines diverses de

Génération « j'ai le droit »

se forger une racine commune aussi lointaine que possible pour consolider un sentiment national. Aujourd'hui, notre identité est liée pour certains à la figure de l'esclavagiste, du colonisateur et du collabo. Pas étonnant qu'on n'ait plus envie de « faire France » ! Il nous reste les allumages de bougies, le culte des peluches au pied des monuments pour essayer de recréer cette communauté de destin, sans grandeur. Le déracinement de tous les mythes historiques (dont personne n'était dupe) a conduit au désert identitaire. Cela laisse le champ libre à des formes d'identités mortifères pour notre civilisation.

L'idéologie de notre époque récuse l'histoire nationale au profit d'un récit en phase avec l'homme déraciné de la mondialisation comme l'ouvrage collectif de Patrick Boucheron l'a montré. Et l'histoire scolaire est prise en otage par ces combats idéologiques avec l'hypocrisie caractéristique de ceux qui invoquent l'objectivité, alors qu'ils savent que toute forme de récit historique recèle sa part de subjectivité. Ils refusent d'avouer la leur pour ne condamner que celle de leurs adversaires. L'histoire ne s'écrit jamais en toute innocence, elle est « un roman vrai » comme l'écrivait le grand historien Paul Veyne en 1971. En donnant des leçons de morale et de méthodologie à leurs collègues qui ne pensent pas les faits comme eux, les inquisiteurs de l'historiquement correct cherchent à imposer leur vision historiographique au nom d'un idéal politique. Puisque « l'opinion » résiste en achetant *Métronome* ou en regardant *Secrets d'histoire*, quel meilleur public captif que les élèves sur qui exercer son autorité !

L'histoire : l'enjeu idéologique majeur

Que des antagonismes idéologiques débordent du champ universitaire vers l'école est regrettable, mais c'est ainsi. Il faut accepter de croiser le fer ou se résigner. L'ambition n'est pas de faire des élèves de futurs historiens ou des historiographes en culottes courtes, mais de leur fournir un canevas chronologique aussi factuel que possible pour se forger une culture commune et être moins aveugles aux traces historiques qui les entourent, les interpellent au quotidien. On doit donc distinguer précisément l'histoire universitaire de l'histoire scolaire. Si la seconde s'alimente de la première, elle ne saurait la suivre ni en temps réel ni aveuglément. Le débat sur l'enseignement ne doit pas être confisqué par quelques universitaires militants et leurs relais dociles. L'histoire universitaire est faite de tâtonnements, d'hypothèses et de débats contradictoires dans les cénacles académiques nationaux et internationaux. Pourtant, depuis plusieurs années, des universitaires spécialistes de telle ou telle question tentent de faire prévaloir leurs orientations inabouties de chercheurs dans les programmes scolaires.

Najat Vallaud-Belkacem, méconnaissant les arcanes et enjeux du ministère, s'est vite entourée d'une poignée de ce type d'experts à la science infuse. Elle les a encouragés, voire promus. Certains d'entre eux venaient du primaire ou du secondaire et trouvèrent l'opportunité de quitter la classe pour ne plus mettre les mains dans le cambouis, ils ont rejoint la DGESCO, l'Inspection générale, les ESPE, le CSP, etc. Un de leurs objectifs rejoignait opportunément celui de la ministre : glorifier la France de la diversité, en finir avec le « roman national ». Beaucoup sont toujours en poste, indéboulonnables.

Des programmes contre l'histoire ?

À partir des années 1970, on récuse radicalement à l'histoire scolaire sa fonction identitaire non seulement républicaine mais nationale. Il n'est pas étonnant que les programmes officiels du primaire et du secondaire aient reflété cet abandon. Même le qualificatif républicain sonne dans la bouche de certains *pédagauchistes* comme une insulte en raison de sa dimension laïque dont ils se plaisent à dénoncer une rigueur quand ce n'est pas un racisme déguisé rejoignant le cortège des indigénistes et des communautaristes de tous poils. On les a entendus au moment de la publication de la charte de laïcité à l'école de Vincent Peillon ou des hommages présidentiels à Jules Ferry à l'aube du quinquennat Hollande...

Il n'est pas de décision ministérielle relative à l'enseignement de l'histoire ou publication de nouveaux programmes qui ne suscitent, depuis quatre décennies, de vives protestations de tel ou tel camp. Sans remonter jusqu'à la fameuse tribune d'Alain Decaux en 1979 qui déjà lançait un débat public sur le déracinement de l'histoire dans l'enseignement[1], on se souvient récemment du tollé suite à la suppression de l'enseignement de l'histoire en terminale S. Devenue discipline optionnelle, c'était un élément de la

---

1. *Le Figaro Magazine*, 20 octobre 1979.

L'histoire : l'enjeu idéologique majeur

réforme du lycée voulue par Luc Chatel en 2009 qui sera judicieusement abandonné sous Vincent Peillon.

En France, l'enseignement de l'histoire s'articule autour de programmes officiels chargés d'établir à l'échelle du pays ce qui doit être enseigné aux élèves. Ils sont accompagnés de documents explicatifs qui s'adressent essentiellement aux enseignants pour leur mise en œuvre. Cette littérature « d'accompagnement des programmes » en constitue la véritable colonne vertébrale. Assez directive, elle permet d'en saisir l'idéologie sous-jacente. Il arrive également que des circulaires ministérielles ou des lois viennent se mêler de l'enseignement de l'histoire. Les contenus des programmes s'imposent à tous les enseignants dès que le ministre qui les a commandés permet leur publication au *Bulletin officiel de l'Éducation nationale.* Les débats publics qui ont lieu lors de la préparation des nouveaux programmes constituent donc un enjeu capital, puisqu'une fois publiés il sera quasi impossible de remettre en cause telle ou telle orientation.

On a vu comment l'opposition intellectuelle, constituée au début 2015 contre la réforme des programmes en primaire et au collège menée au pas de charge par la ministre avait pu porter ses fruits. Le scandale était d'autant plus grand qu'il fut rapidement de notoriété publique que Michel Lussault, ex-président du CSP, rencontrait régulièrement le cabinet du ministre lors des phases d'élaboration des programmes. Or il est d'usage que le ministre ne s'immisce pas dans la rédaction des programmes, dans le choix des thématiques disciplinaires. Il n'en a ni l'expertise ni le pouvoir. En revanche, il doit fixer

Génération « j'ai le droit »

une feuille de route générale et arbitrer. Sous la pression de l'opinion, le CSP dut finalement amender son projet, notamment celui qui consistait, en histoire, à qualifier de « modules facultatifs » certains thèmes essentiels comme la chrétienté au Moyen Âge ou les Lumières, quand l'histoire de l'islam ou des traites négrières étaient des « modules obligatoires ». S'agissant de l'histoire des traites négrières par exemple, la traite arabe qui la concerne au premier chef et a duré treize siècles n'est toujours pas mentionnée dans les programmes[1]. On se souvient des propos de Christiane Taubira en 2006 relayés dans la presse considérant qu'il ne fallait pas insister sur les traites musulmanes pour épargner aux « jeunes Arabes » (*sic*) le fait de porter « sur leur dos tout le poids de l'héritage des méfaits des Arabes ». Fardeau dont les *jeunes Blancs*, si l'on reprenait le vocable racialiste de Madame Taubira, ne sauraient, eux, être dispensés puisqu'en tant que descendants à perpétuité des bourreaux, ils doivent porter « tout le poids de l'héritage des méfaits » de l'Occident. Madame Taubira n'a-t-elle pas fait ici un de ces « mésusages publics de l'histoire » que nos Fouquier-Tinville traquant « l'essentialisation et le racisme » sont si prompts à condamner ? Le CVUH était aux abonnés absents sur le sujet.

Depuis au moins trente ans, l'histoire subit les assauts de différents groupes de pression identitaires qui au nom de la reconnaissance ou repentance

---

1. Les programmes sont consultables sur le site education. gouv, rubrique « B.O » (ici le B.O n° 11 du 26 novembre 2015).

L'histoire : l'enjeu idéologique majeur

veulent en passer par la loi pour inscrire leur présence dans l'histoire nationale, exclusivement sous la forme mémorielle qui leur convient, évacuant toute critique intellectuelle et académique. La loi ne remplace pas le travail historique rigoureux. Ce n'est pas grâce à la loi Gayssot mais parce que les débats académiques sur le génocide des Juifs d'Europe ont été rigoureux, ont produit une masse impressionnante d'études approfondies que le négationnisme reste jusqu'à présent dans le trou à rat où se trouvent ces adeptes, condamnés à comploter aux marges de l'extrême gauche et de l'extrême droite, de Dieudonné à *Rivarol*, en passant par Soral et les allées de l'espace librairie de la Rencontre annuelle des musulmans de France du Bourget organisée par l'UOIF. La richesse du débat académique sur la colonisation ou l'esclavage est confisquée au nom d'intérêts politiques et militants par des identitaires et leurs alliés de circonstance partisans de la pénitence. C'est regrettable. Le débat contradictoire historique n'aura-t-il bientôt plus sa place devant le nouveau catéchisme de la contrition occidentale ? Regardons ce qui se joue sur certains campus américains et canadiens où les délires identitaires en tout genre produisent des formes inquiétantes de racisme et de révisionnisme historique imbécile aboutissant à déboulonner des statues. Il y a de quoi s'inquiéter. Désormais, on ne devrait plus enseigner l'histoire *des Français*, mais celles des femmes, des homosexuels, des immigrés, des descendants d'esclaves, et la liste peut s'étirer à l'infini étant donné que chaque Français abrite en lui une multitude d'identités particulières.

Génération « j'ai le droit »

Auparavant rédigés exclusivement par l'Inspection générale, les programmes sont depuis 1990 élaborés par des groupes d'experts et d'universitaires auxquels s'ajoutent de plus en plus d'acteurs issus de la société civile et du monde associatif qui viennent plaider l'insertion de leur point de vue. Il suffit, par exemple, de consulter la liste des personnes auditionnées par le CSP en 2015 pour comprendre l'orientation politique et idéologique des nouveaux programmes d'histoire.

Ce fut d'abord à l'école primaire qu'on s'occupa de déraciner l'histoire. La discipline fut noyée dans ce qu'on appela « les activités d'éveil » à partir de la réforme de 1969 appliquée au cours des années 1970. Suivant le modèle universitaire qui délégitime l'histoire-récit au profit de l'histoire-problème, la dimension chronologique disparaît de notre enseignement dans les années 1980 avant de réapparaître, en trompe-l'œil, à la fin des années 1990. La chronologie suppose la mémorisation, or la mémorisation relève du dressage abrutissant pour les pédagos. Elle empêcherait l'élève de comprendre ce qu'il apprend ! Inutile de mémoriser, d'encombrer les cervelles avec des dates et des faits, il suffit de saisir le sens global. C'est ainsi que l'histoire sociale puis la microhistoire sont devenues l'alpha et l'oméga de l'histoire scolaire. On s'intéresse à l'histoire des anonymes, des masses « silencieuses » et laborieuses, au détriment de celle des grands personnages, biais de lecture qui serait favorable aux puissants, au pouvoir, donc aux bourreaux de toutes sortes ! La transmission de connaissances détaillées sur les personnages et les

L'histoire : l'enjeu idéologique majeur

grands faits de l'histoire a ainsi été contrefaite sous le qualificatif péjoratif d'« histoire-bataille ».

De surcroît, l'histoire a subi, elle aussi, depuis 1970 la promotion des « méthodes actives » qui transforment l'élève en petit enquêteur, jonglant avec toutes les sortes de documents pour y déceler la trace d'un fait historique. Il n'en maîtrise ni les techniques exploratoires ni le vocabulaire spécifique, mais l'enseignant doit s'efforcer de les lui faire découvrir par lui-même ! Lorsqu'on se donne la peine de regarder en arrière, on voit que dès le début des années 1980, l'échec de cette révolution pédagogique est officiellement connu. Il n'est qu'à relire le rapport de René Girault en 1983 qui conduira, un an plus tard, le ministre Savary à restaurer l'histoire comme discipline à l'école primaire. Malgré les efforts de son successeur Jean-Pierre Chevènement, l'idéologie socioconstructiviste, ennemie irréductible du « roman national », survivra à tous les ministres. Les opposants à cette doxa existent, ils sont nombreux tant à l'université que dans les milieux intellectuels, néanmoins ils ne bénéficient pas de l'aura morale dont peut se prévaloir la gauche culturelle depuis Jean-Paul Sartre et Michel Foucault...

En exigeant l'ouverture du récit national par la mobilisation d'historiographies les plus diverses, le but ultime est d'imposer à l'école l'enseignement de « l'histoire critique » : avant de savoir et d'acquérir des connaissances, l'élève doit apprendre à remettre en cause les savoirs ! Le développement de l'esprit critique est au cœur de l'école républicaine. Pour permettre à l'homme de s'émanciper par la pensée et par l'exercice du libre arbitre, l'esprit critique se construit sur des bases solides et non sur l'illettrisme et par l'inculture. La « table rase » n'a jamais permis l'acquisition de l'esprit critique, elle permet la lutte à mort des idéologies les moins démocratiques pour conquérir des cervelles vides. Vouloir enseigner l'histoire critique avant l'histoire revient à enseigner la linguistique avant la grammaire ou la sémiotique avant les bases du calcul mathématique ! Suivant le même processus que l'anéantissement de l'enseignement du français, on a déraciné les savoirs historiques communs sous couvert de programmes intellectuellement ambitieux et de formules pédantes.

Se lancer dans une vaste analyse comparée des programmes scolaires depuis les années 1960 n'est pas mon propos ici, les historiens Patrick Garcia et Jean Leduc[1] et de façon plus resserrée récemment Patricia Legris[2] l'ont fait brillamment. Je me limiterai à souligner que si pour rassurer familles et enseignants les programmes du collège sont présentés sous une forme chronologique, les instructions données aux enseignants contredisent cette trame : elles récusent toute mémorisation rigoureuse des faits. La chronologie est en trompe-l'œil, car, sous des atours traditionnels, ces programmes sont depuis au moins vingt ans orientés

---

1. Patrick Garcia et Jean Leduc, *L'Enseignement de l'histoire en France*, Armand Colin, 2003.

2. Patricia Legris, « Les programmes d'histoire en France : la construction progressive d'une "citoyenneté plurielle" (1980-2010) », *Histoire de l'éducation*, n° 126, 2010 (mise en ligne en 2014).

L'histoire : l'enjeu idéologique majeur

par des thématiques sous-jacentes, approche assumée dans les programmes du lycée depuis longtemps. Il est clair que les programmes de 2015 reposent sur plusieurs idées directrices abordées avec continuité tout au long des années de primaire et de collège. Ces thèmes font écho aux questions des concours d'enseignement et proviennent des préoccupations de la recherche universitaire, elles-mêmes liées aux enjeux sociopolitiques et économiques de l'époque.

Résumons les grandes thématiques. Tout d'abord, le développement durable est devenu l'alpha et l'oméga de la géographie scolaire actuelle. Puis, les migrations, tant en histoire qu'en géographie, sont un thème transversal évoqué dans de très nombreux chapitres, exclusivement sous l'angle de l'enrichissement économique ou culturel et de la nécessaire vitalité démographique. Dans les deux disciplines, la ville est présentée comme le principal horizon d'habitat pour l'homme, « la civilisation » comme la modernité gage de progrès ne peuvent avoir été forgées que par des populations urbaines. L'urbanité est d'autant plus glorifiée qu'elle s'ouvrira à la mondialisation, qu'elle sera un grand lieu d'« échanges », terme clé omniprésent en histoire comme en géographie. L'Europe, le fait religieux, « l'histoire mixte[1] », c'est-à-dire le fait d'intégrer les figures féminines dans une quête paritaire tournant parfois au ridicule, sont indiqués officiellement comme des éléments importants des programmes.

---

1. Instructions accompagnant les programmes de 2015, cycles 2, 3 et 4, p. 310.

Génération « j'ai le droit »

Cet enseignement doit se faire « en diversifiant les situations d'apprentissage notamment au moyen d'approches interdisciplinaires ».

Les programmes constituent un ambitieux panorama de l'histoire mondiale et accessoirement française, même s'il est bien précisé que l'enseignant aura à « rechercher le juste équilibre entre compétences et connaissances, sans excès d'érudition ». Aucune inquiétude de ce côté, compte tenu de la densité des programmes, *l'érudition* n'a pas sa place. Quant à *l'équilibre*, il se réalise aisément grâce à une méthode pédagogique révolutionnaire : le saute-mouton.

Nous étions nombreux en salle des profs à rire jaune en consultant ces nouveaux programmes, d'autant que pour la première fois dans l'histoire scolaire tous les niveaux étaient concernés dès la rentrée 2016 alors qu'habituellement leur mise en application est échelonnée sur quatre rentrées scolaires, progressivement de la 6e à la 3e. Absurdité maintes fois relevée par les enseignants mais qui n'a jamais stoppé l'aveuglement ministériel : quand on déracine, il vaut mieux le faire d'un coup sec ! Cela évitera aussi le détricotage par le ministre suivant qui n'osera pas remettre l'ouvrage sur le métier. La victoire de Vallaud-Belkacem est réelle : nous allons devoir traîner ses programmes pendant de nombreuses années. Refaire les programmes aurait un coût financier inacceptable. En effet, racheter tous les manuels pour tous les niveaux (dans presque toutes les disciplines !) en une fois au lieu d'échelonner ces acquisitions sur quatre ans a représenté un poste de dépense important pour les établissements scolaires. Un beau gâchis

L'histoire : l'enjeu idéologique majeur

aussi que tous ces anciens manuels à mettre au pilon. Par exemple les manuels de 3ᵉ d'histoire-géographie ont fini à la poubelle à la rentrée 2016 alors qu'ils n'étaient utilisés que depuis quatre ans[1].

Ne rêvons pas : les programmes datant de 2008 n'étaient pas foncièrement meilleurs. Ils pratiquaient déjà la surenchère thématique et le zapping historique, la réforme du lycée n'avait pas rompu la domination du thématique sur le chronologique sans parler de la pseudo-réflexion historiographique attendue des lycéens. Comme en témoignent chaque année des collègues correcteurs du baccalauréat, la culture historique est extrêmement fragmentée chez les élèves qui identifient vaguement des faits marquants et des personnages historiques mais sans que les trames chronologiques fondamentales viennent structurer et pérenniser ces savoirs. On bachote, puis on oublie.

*La préhistoire :
aube de notre multiculturalisme triomphant*

Les programmes de 2015 ont aggravé la tendance aux raccourcis. En CM1, l'enseignant doit utiliser ses quelques heures annuelles pour faire explorer aux élèves l'histoire de France de la préhistoire à l'Empire ! Grotesque. Au collège, le zapping est de rigueur. Un exemple : les causes de la Première Guerre mon-

---

1. Le programme d'histoire du ministère Darcos entra en vigueur pour la classe de 3ᵉ à la rentrée 2012.

diale s'effacent progressivement. En 2008, elles sont présentées à l'aide de cartes, avec les programmes de 2015 on ne les explique plus du tout. Après *L'Histoire pour les nuls*, à quand *L'Histoire simplissime* ? Presque tous les collègues expérimentés ne respectent pas de telles instructions officielles de caviardage et prennent au moins une heure pour expliquer les causes de la guerre de 1914. Mais il n'en va pas de même des nouveaux titulaires plus obéissants ou des vacataires, ces emplois précaires sans formation toujours plus nombreux à mesure que le métier n'attire plus la fine fleur des étudiants.

À chaque niveau de classe, on observe que des sujets ont été amputés d'éléments explicatifs ou de développements importants pour la suite du programme d'histoire. Ainsi, la décision de remettre la préhistoire au programme de 6e a obligé à faire des coupes dans d'autres chapitres. La préhistoire avait disparu au milieu des années 1990[1], la raison de sa réapparition s'éclaire par son intitulé : « La longue histoire de l'humanité et des migrations ». Simplifions l'objectif : l'élève doit retenir d'une part que les races n'existent pas puisque nous descendons tous de l'Africain *Homo sapiens*, d'autre part que « le phénomène de migration dans cette longue histoire est décisif pour le peuplement de la planète à partir de l'Afrique comme dans la diffusion de l'agriculture et de l'élevage au Néolithique à partir du

---

1. Comme son nom l'indique, la préhistoire ne devrait pas être insérée dans un programme d'histoire, puisque l'Histoire débute avec l'invention de l'écriture.

L'histoire : l'enjeu idéologique majeur

Proche-Orient¹ ». Ces assertions sont justes, mais la question est celle de leur interprétation par des élèves de 6ᵉ ayant encore beaucoup de mal à se repérer dans le temps. À 10-11 ans, la plupart des enfants ont des représentations du temps historique inabouties. La psychologie du développement l'a montré : les constructions temporelles à l'âge scolaire sont complexes. Ainsi, le temps historique nécessite de maîtriser les règles du temps conventionnel (ordre, récurrence, durée, etc.), ce qui est loin d'être acquis chez beaucoup de nos élèves². Pour beaucoup de ces élèves, je vérifie chaque année qu'entre les dinosaures, la préhistoire et François Iᵉʳ, cela se compte en centaines d'années tout au plus.

Le travail sur la chronologie est donc essentiel pour que les élèves acquièrent une meilleure perception du temps historique pour être en mesure de comparer le présent et le passé lointain. Si à ces difficultés de représentations temporelles, s'ajoute l'acculturation qui s'accompagne de toutes les généralisations simplistes, on transforme la préhistoire en prétexte pour diffuser un charabia multiculturaliste et antiraciste aussi benêt qu'anachronique. Bientôt, on apprendra aux élèves qu'entre le « peintre » de

---

1. Compléments d'instruction sur les programmes, site Éduscol, « S'approprier les différents thèmes du programme », Histoire/Classe de 6ᵉ.

2. C'est pourquoi en primaire on devrait travailler avec rigueur la structuration du temps plutôt que parler par petites touches de faits historiques que la majorité des élèves ne peuvent ni situer dans le temps conventionnel ni appréhender intellectuellement.

la grotte Chauvet et le génie de Léonard de Vinci ou Dürer il n'y a aucune différence. Des migrations hors d'Afrique d'*Homo sapiens* il y a moins de 100 000 ans aux migrations actuelles, le pas est vite franchi pour des esprits enfantins. Et aussi ridicule que cela paraisse aux adultes, j'ai observé qu'un grand nombre d'entre eux établissent ce lien. Il est assez naturel qu'un enfant de 10-11 ans cherche à comprendre un temps aussi lointain en le rapprochant de son temps à lui, ici et maintenant. Ces anachronismes sont à déconstruire par la transmission de savoirs à l'école, au lieu de quoi on les encourage par la répétition constante tout au long des programmes du déchiffrage historique sous l'angle des flux migratoires et des échanges (bienfaiteurs) qu'ils induiraient.

Dans les nouveaux programmes, la préhistoire sert à diffuser des messages idéologiques qui n'ont aucun rapport avec l'archéologie et les savoirs passionnants qui lui sont liés. Pour preuve, on trouve sur le portail national officiel de ressources pédagogiques Éduscol consacré à l'histoire-géographie, la mise en ligne de trois contributions de chercheurs lors d'un colloque intitulé « Archéologie des migrations » datant de novembre 2015. La première porte sur les migrations au temps préhistorique, donc en lien direct avec le programme de 6e, la deuxième intitulée « Présence arabo-musulmane en Languedoc et en Provence au Moyen Âge » et la troisième « S'affranchir ou s'enraciner : le droit de la migration depuis les colonies françaises vers la métropole à l'époque de l'esclavage ». Cela en dit long sur

L'histoire : l'enjeu idéologique majeur

l'idéologie prévalant au thème des migrations qui parcourt les programmes scolaires. Le politiquement correct et sa lecture multiculturaliste de l'histoire nationale sont plus que jamais présents. Jamais au Moyen Âge aucune population arabo-musulmane ne s'est implantée durablement en France, tout juste s'agit-il de découvertes archéologiques attestant du passage de troupes militaires au VIIIe siècle et de quelques céramiques ou monnaies laissées par des marchands arabes dans un port français de Méditerranée quelques siècles plus tard. Pourtant, avec des indices aussi douteux, on commence à tisser une mythologie parfaitement inscrite dans les pas du mythe d'Al-Andalus ou de la prétendue diffusion par les Arabes de la pensée grecque dans la chrétienté médiévale. Il n'est pas inutile de savoir que Marc Terrisse, l'auteur de la contribution sur le Languedoc médiéval musulman, est actif à l'université et à l'Institut du monde arabe pour valoriser l'histoire des migrants et des minorités aux époques médiévale et moderne. Il est ainsi l'auteur de « Nos ancêtres Sarrasins », une exposition hébergée notamment par Francetv Éducation et dont un manuel scolaire fait la promotion dans son chapitre consacré à l'islam[1]. La narration de cette animation est édifiante[2] : la France apparaît enrichie à de nombreuses reprises, voire de façon continue tout au long de son histoire, par la civilisation musulmane. À tel point qu'on pourrait apparemment en conclure qu'une

---
1. Manuel de 5e, Bordas, p. 42.
2. Site dédié : nos-ancetres-sarrasins.francetv.fr

partie de nos ancêtres étaient Sarrasins. Un nouveau « roman national » plus acceptable et vivifiant que celui des Gaulois même s'il ne tient pas plus la route historiquement ?

Pour faire de la place aux nouveaux thèmes à la mode, il fallut en congédier d'autres. Pour faire honneur à Toumaï et « aux génies » de la grotte Chauvet, des coupes faites dans les programmes ont outré beaucoup d'enseignants de collège. Sont ainsi tombés aux oubliettes l'étude approfondie de la démocratie athénienne, le portrait d'Alexandre le Grand ou le panorama des savants grecs. Autre « espèce » en voie de disparition au collège : le règne de Louis XIV qui avait longtemps occupé une place importante. À la place, un long chapitre est consacré aux relations entre Charles Quint et Soliman le Magnifique, apparemment plus essentielles que celles qu'il entretenait avec François Ier, son ennemi irréductible.

En 4e, le programme commence par un long chapitre centré sur la traite négrière occidentale, puis on enchaîne avec les Lumières, sauvé *in extremis* des oubliettes grâce à la mobilisation des « néoréacs » avant la publication officielle des programmes. Pire : la révolution américaine et la naissance des États-Unis ne sont plus au programme. Or cette étude est indispensable pour comprendre les échanges intellectuels entre penseurs américains et les Lumières, l'abolitionnisme, la diffusion du modèle démocratique en Europe. Son effacement est aberrant et ampute une part de la compréhension de la Révolution française qui surgit ainsi du néant, comme

L'histoire : l'enjeu idéologique majeur

si aucun phénomène révolutionnaire ne l'avait précédée. Cela fait d'ailleurs plusieurs années que les révolutions anglaises du XVIIe ont disparu de nos programmes !

L'enseignement de la Révolution française mériterait un ouvrage en soi : aucun des programmes ou manuels ou ne sont parvenus à problématiser cette période de façon pertinente. Il en résulte une collection de thématiques sans continuum chronologique, un va-et-vient constant qui donne le tournis. Les programmes de 2015 sont pires que les précédents, l'enchaînement factuel est complètement noyé par l'approche thématique. Un exemple : on étudie guerres révolutionnaires et guerres impériales sans les distinguer véritablement ! Avec l'affirmation de cette approche thématique qui exclut une progression chronologique rigoureuse, l'élève est vite perdu et ne retient que quelques grands faits caricaturaux à faire bondir un historien.

On atteint des sommets avec le dernier thème de 4e, pour des élèves de 13 ans, qui ressemble à une question de concours : « Société, culture et politique dans la France du XIXe ». Plus question d'étudier l'histoire politique de la France durant cette époque charnière, indispensable pour comprendre la IIIe République et la première moitié du XXe siècle. Le XIXe nous a laissé des monuments de la littérature témoignant de l'intensité politique de l'époque, mais cela ne mérite apparemment pas que l'élève en connaisse l'histoire. Entre la Révolution et la IIIe République, c'est un tunnel obscur pour nos élèves : la Restauration, la monarchie de Juillet, le Second Empire sont passés par perte et profit et la IIe République tire timidement son épingle du jeu pour évoquer l'abolition de l'esclavage et le suffrage universel masculin. Voici les deux angles sous lesquels on doit expliquer le XIXe aux élèves : « Voter de 1815 à 1870 » et « Conditions féminines dans une société en mutation ». Aussi passionnants que soient ces thèmes, ils ont davantage leur place dans un cursus de classe prépa ou en fac d'histoire.

Les manuels scolaires : un vrai faux débat

Les familles disposent d'une source pour connaître le programme annuel de leur enfant : le manuel scolaire. Quels parents consultent le *Bulletin officiel de l'Éducation nationale* ou Éduscol ? Analyser les manuels scolaires n'a donc rien de superflu, c'est le repère largement admis, aisément consultable par tous les citoyens. Certains parents pensent ainsi que les manuels scolaires reflètent exactement les programmes, ce qui n'est pas toujours le cas. J'ai réalisé sur différents sujets des analyses comparées de manuels scolaires[1] et, à chaque fois, je fus la cible de quelques collègues récusant la pertinence de certaines analyses, non pas sur le fond histo-

---

1. *Élèves sous influence* (avec Ève Bonnivard), Audibert, 2005 ; « Comment on parle d'Israël dans les manuels scolaires français ? », magazine *L'Arche*, mars 2004 étude réactualisée en juin 2006 ; « Comment l'islam est abordé dans les manuels scolaires ? », *FigaroVox* (en ligne), septembre 2016.

L'histoire : l'enjeu idéologique majeur

rique mais au prétexte que l'usage des manuels scolaires n'est ni obligatoire ni systématique dans les classes, et qu'ils n'étaient pas soumis à une conformité aux programmes officiels. Ces arguments sont théoriquement exacts, néanmoins sur le terrain les manuels scolaires sont largement utilisés de même que les fichiers d'activités clés en main. En outre, les éditeurs confient la rédaction des ouvrages à des collectifs d'enseignants souvent dirigés par des inspecteurs ou des universitaires qui s'appliquent donc à respecter les programmes pour faciliter la commercialisation de leur manuel dans les établissements scolaires.

Le manuel scolaire est aussi une source historique lorsqu'il s'agit d'étudier les contenus d'enseignement de jadis. Il est un des éléments matériels concrets dont nous disposons pour analyser l'enseignement de l'histoire à un moment donné. Qui dit manuels scolaires d'histoire dit Ernest Lavisse, dont l'*Histoire de France* sera utilisée dans les classes primaires de 1876 jusqu'aux années 1950. Le projet du manuel Lavisse visait à la réconciliation des deux France pour bâtir une unité nationale comparable à celle produite par le patriotisme allemand que Lavisse avait observé lors de son séjour en Allemagne après la défaite de 1870. On retrouve d'ailleurs cet élan dans l'injonction inscrite en couverture du manuel et adressée à l'élève : « Enfant, tu dois aimer la France, parce que la nature l'a faite belle, et parce que son histoire l'a faite grande ». Aussi désuète que paraisse la formule, elle illustre l'ambition patriotique d'Ernest Lavisse dont nous n'avons pas à rougir. Cet « instituteur national », comme le nomma Pierre Nora, est aujourd'hui caricaturé par ceux qui diffusent la haine du « roman national ». Ils ignorent le Lavisse président du jury de l'agrégation, inventeur du diplôme de maîtrise, celui qui proposa en vain à son époque une épreuve professionnelle à l'oral de l'agrégation ainsi qu'une année de formation professionnelle en alternance après l'admission au concours.

L'historien Jean Leduc a montré dans un récent article ce que l'enseignement de l'histoire doit à la réflexion d'Ernest Lavisse[1]. Certes, l'histoire sert d'abord à l'édification du patriotisme, pour autant, il est des connivences qu'un démocrate républicain ne saurait avoir. Ainsi, en 1899 Lavisse s'oppose publiquement à la Ligue de la patrie française antidreyfusarde par ces mots : « Il y a des générations avec lesquelles je ne me sens pas et ne veux pas me sentir en rapport de solidarité. » De la même façon, Leduc rappelle le refus de Lavisse de voir l'usage politique de l'histoire la priver de son sens : la recherche de la vérité. Nombre de nos actuels directeurs de conscience devraient relire Lavisse : « L'intention de faire servir l'histoire à une sorte de prédication morale est louable mais un éducateur doit être toujours et avant tout sincère. [...] Le professeur est un juge impartial des faits et des doctrines ; ses croyances personnelles et son patrio-

---

[1]. Jean Leduc, « Pourquoi enseigner l'histoire ? La réponse d'Ernest Lavisse », *Histoire@Politique*, n° 21, 2013.

tisme ne prévalent point sur son équité qui doit être absolue[1]. »

À côté du Lavisse pour l'école primaire, le *Malet et Isaac* édité chez Hachette pour le secondaire à partir de 1902 par deux professeurs agrégés d'histoire, Albert Malet et Jules Isaac – qui en fut le principal auteur –, est aujourd'hui raillé en raison de sa structure chronologique. Cette collection fut pourtant le grand diffuseur de savoirs historiques pour plusieurs générations d'étudiants. Jules Isaac, dont il faut lire la passionnante biographie écrite par André Kaspi[2], rédigeait ses manuels avec une rigueur académique qui ferait rougir certains auteurs d'ouvrages scolaires actuels. Le *Malet et Isaac*, que les déracineurs de l'histoire présentent comme une somme aride et encyclopédique sans intelligence de la discipline, propose un grand nombre de textes et de documents historiques pour nourrir la réflexion de l'élève et commencer à exercer un regard critique sur le document. Les histoires culturelle, économique, sociale y ont leur place autant que l'histoire mondiale, mais elles sont toujours soigneusement présentées dans leur cadre politique.

Feuilletez le manuel de votre enfant. L'appauvrissement des contenus textuels et documentaires est un constat généralement admis. Certains auteurs de manuels, comme le regretté Jean-Michel Lambin, directeur de collection du manuel Hachette et enseignant en classe préparatoire, ont essayé de mainte-

---

1. Ernest Lavisse (1890) cité par Jean Leduc, *ibid*.
2. André Kaspi, *Jules Isaac*, Plon, 2002.

nir coûte que coûte une exigence intellectuelle et une rigueur conceptuelle élevée, mais au fil des ans les éditeurs ont décidé de vivre avec leur temps. Désormais, iconographies et schémas prédominent aux dépens de sources historiques textuelles dont la longueur régresse continuellement pour s'adapter aux compétences en lecture des élèves ! Le manuel scolaire fait, en outre, doublon avec l'activité professorale prescrite par les instructions officielles : faire travailler les élèves en autonomie sur des quantités de petits documents, répondre avec quelques mots à de courtes questions qui, une fois assemblées, vont constituer le cours à retenir. Finalement, un élève un peu débrouillard dont le professeur est absent ou défaillant pourrait travailler seul le programme avec son manuel. Il validerait le « socle commun » sans anicroche...

« L'école change avec le numérique »

Le manuel scolaire est maintenant accompagné de tout un arsenal de gadgets numériques. Car l'école numérique est au cœur des préoccupations du ministère depuis quelques années. En consultant les manuels numériques et les ressources officielles numérisées, on peut s'interroger sur l'avenir de *l'enseignant* : un robot ferait « le job » étant donné les actuels attendus professionnels et le développement d'outils de substitution à toute médiation pédagogique.

L'histoire : l'enjeu idéologique majeur

Nous n'en sommes pas encore au prof-robot, mais la nouvelle religion économico-pédagogique du numérique est en préparation. Trouvaille aux bénéfices incontestables en termes de « progrès », si vous avez l'audace de nuancer, ou remettre en question l'avenir radieux de l'« école numérique », vous serez étiqueté conservateur ou pire, odieux rétif à l'intelligence du futur. On avait d'abord caché le miracle aux profanes sous l'énigmatique acronyme TICE. Intégré à la novlangue éduc-nat depuis le début des années 2000, on parle maintenant à tout bout de champ des Technologies de l'Information et de la Communication pour l'Enseignement. Ça fait chic et intelligent. Et avec Najat Vallaud-Belkacem, on a passé la vitesse supérieure en lançant à grand renfort de colloques et de stages MOOC, « le plan pour le numérique à l'école ». Une Direction du numérique pour l'éducation (DNE) a été créée en février 2014, sorte de Gosplan de la rue de Grenelle, largement dotée en moyens humains et financiers. Elle est chargée de la mise en place et du pilotage de la politique concernant les « systèmes d'information et de communication » dans le domaine éducatif. Un site internet dédié à cette grande ambition a été créé, et son slogan est à mi-chemin entre le développement personnel et une pub Google : « L'école change avec le numérique ». Changisme et bougisme sont bien les caractéristiques de notre époque. Une carte interactive permet de visualiser la diffusion du miracle avec l'implantation des écoles et collèges numériques qui tapissent le territoire national. Une vraie pandémie.

Génération « j'ai le droit »

Les programmes du ministère Vallaud-Belkacem (près de 300 pages) contiennent plus de 200 fois le terme *numérique*, tandis que le mot *livre* apparaît seulement 15 fois... Bien sûr, son plan numérique devait servir à « lutter contre les inégalités » ! À cette fin, le ministère trouva judicieux de promouvoir l'usage des tablettes en classe, mais aussi à la maison pour les devoirs. D'une part, personne ne s'est soucié de questions sanitaires en ajoutant presque quatre heures d'écran à ce que les enfants ingurgitent déjà dans leur environnement familial, soit un total moyen de plus de sept heures quotidiennes d'écran[1]. D'autre part, en quoi les parents de milieux populaires seraient-ils plus aptes à aider leurs enfants avec des tablettes qu'avec des cahiers ou des livres ? Ne le seraient-ils pas moins puisqu'on sait que dans les milieux populaires, on a souvent plus de mal à trier le bon grain de l'ivraie sur le Net ? À moins que les experts aux manettes de l'école du numérique aient en tête de laisser les élèves seuls face aux apprentissages, y compris chez eux, là où auparavant leurs parents pouvaient encore un peu les accompagner.

François Hollande avait-il lu l'enquête de l'OCDE-PISA réalisée en 2012[2] qui montrait que plus les systèmes scolaires ont investi dans le numérique, moins les élèves lecteurs-compreneurs ont un bon niveau ? La ministre s'était beaucoup fiée à ses conseillers

---

1. Les dernières enquêtes évaluent à 3 heures en moyenne le temps passé devant écran, à domicile, pour les 4-14 ans.

2. *Connectés pour apprendre ? Les élèves et les nouvelles technologies*, PISA-OCDE, 2015.

L'histoire : l'enjeu idéologique majeur

geeks, sans parler des contrats avec Microsoft et Google. Si elle avait lu l'enquête PISA en question, elle aurait appris que les pays asiatiques réticents à intégrer le numérique à l'école sont régulièrement en tête des classements avec les meilleurs résultats en lecture et en mathématiques. Le rapport est précis : « Pour tirer profit des ressources en ligne sur l'éducation, la santé ou les services financiers, et améliorer sa situation personnelle, la maîtrise d'un niveau suffisant de compétences fondamentales en compréhension de l'écrit est peut-être plus importante que la facilité d'accès à Internet. » On aura beau faire, rien ne remplacera un enseignant et une méthode rigoureuse pour apprendre les fondamentaux. Les illettrés, sur Internet sont innombrables, notamment sur les réseaux sociaux ou dans les commentaires en fin d'articles. Ils ne savent pas écrire sans faire une faute par phrase, ont du mal avec les participes passés, font des contresens quand ils lisent un article mais n'éprouvent aucune honte à le commenter : « j'ai le droit » de dire ce que je pense même si je ne comprends rien ! Le miracle numérique à l'école n'existe pas. Seules des méthodes d'apprentissage, rigoureuses, exigeantes et expertisées, donnent des résultats.

Alors d'où vient cette nouvelle lubie du numérique à l'école ? Une nouvelle espèce de pédagos connectés croit avoir trouvé la clé de l'autonomie de l'élève. Ils nous resservent la petite musique de la « pédagogie active » à la Freinet : l'élève va produire son propre contenu en ligne. Seul avec sa tablette, il est « acteur de ses apprentissages » ! Le cahier ne doit plus être un support et il faudra veiller à déraciner le geste graphique associé à l'activité mentale de reformulation des propos de l'enseignant, autrefois appelé « prise de notes ». On attend impatiemment l'argument-choc : la tablette pèse moins lourd que livres et cahiers dans le cartable de nos pauvres enfants guettés par la scoliose.

Pendant que notre ministère met les enfants de la République au pas avec le numérique, des patrons de la high-tech américaine l'interdisent à leur progéniture, comme le révélait une enquête du *New York Times*[1]. L'article en question nous apprend qu'un des fondateurs de Twitter interdit la tablette à ses enfants qui ont, en revanche, accès à volonté à des centaines de livres. Ces initiés limitent de façon drastique l'usage d'écran à leurs propres enfants avant l'âge de 10 ans, et ils ne l'autorisent, entre 10 et 15 ans, que pour réaliser du travail scolaire. Le journaliste américain atteste que ces parents travaillant dans la high-tech ne donnent un smartphone à leur enfant qu'à partir de 14 ans en moyenne, quand les parents lambda le mettent à disposition dès l'âge de 8 ans. Steve Jobs lui-même refusait que ses enfants utilisent un iPad. Nos ministres successifs nous affirment qu'au contraire, les écrans sont bons pour le développement cognitif et la créativité ! En 2011, le *New York Times* évoquait des écoles « anti-technologie[2] », où les dirigeants et cadres des entreprises de

---

[1]. Nick Bilton, « Steve Jobs Was A Low-Tech Parent », *The New York Times*, 10 septembre 2014.
[2]. Matt Richtel, « A Silicon Valley School That Doesn't Compute », *The New York Times*, 22 octobre 2011.

L'histoire : l'enjeu idéologique majeur

la high-tech californienne envoyaient leurs enfants. Ni ordinateur ni tablette à l'horizon. Attendons une étude comparative pour voir si ces enfants-là réussissent moins bien que ceux qu'on aura soumis au diktat des écrans.

6.

« J'ai le droit » en zones de non-droit

En 2002, ma participation aux *Territoires perdus de la République*[1] n'était liée à aucun engagement politique puisque je n'ai jamais adhéré à une idéologie clés en main, ni milité dans aucun parti. Je me suis lancée dans la promotion du livre au cours des quinze années passées et rapidement je me suis aperçue qu'on nous avait collé une étiquette. En France, pour exister, il faut être identifié dans un camp idéologique, la logique est binaire, mais c'est plus simple pour que « le téléspectateur ou le lecteur s'y retrouve ». Notre ambition à l'époque ? Être des lanceurs d'alerte face à la recrudescence de l'antisémitisme, du sexisme, du racisme des écoles. Lanceurs d'alerte face aux menaces que faisait peser sur la nation une désintégration qui s'opérait sous nos yeux dans les quartiers

---

1. Sous la direction d'Emmanuel Brenner, ce collectif d'auteurs est paru en 3 éditions différentes : 2002 (originale) et 2004 (revue et augmentée) chez Les Milles et Une nuits ; en 2015 (en poche) chez Pluriel augmentée d'une postface de Georges Bensoussan.

sensibles, notamment avec la montée de l'islamisme. Les étiquettes « profs de droite », réactionnaires et enfin islamophobes nous ont poursuivis. Depuis j'appartiens au camp des « néo-réacs » comme l'a déclaré un « journaliste » à mon propos. Et cela ne s'est pas arrangé après la manipulation mensongère sur ma prétendue participation à la campagne de Fillon dont j'ai été l'objet à la suite à mon face-à-face sur France 2 avec Emmanuel Macron à dix jours du premier tour de la présidentielle.

Comment est née cette génération
« j'ai le droit » en zones de non-droit

L'école est un lieu capital pour observer les mutations qui s'opèrent dans une société. Presque à vue d'œil, année après année, chaque cohorte d'élèves révélait une dégradation indéniable : des établissements, des élèves, des familles concentrent les difficultés économiques et socioculturelles, une violence endémique s'exerce contre ceux qui veulent l'intégration républicaine pleine et entière, qui n'exigent aucun « accommodement raisonnable ». « J'ai le droit de haïr la France », et au premier rang l'institution scolaire qui l'incarne au plus près des citoyens, est devenu un devoir pour une minorité d'élèves qui, à eux seuls, peuvent déstabiliser un établissement tout entier. Cette violence est observée et éprouvée par tous les acteurs. Rien n'excuse notre inaction depuis plus de vingt ans pour les mettre hors d'état de nuire.

« J'ai le droit » en zones de non-droit

Légitimés par les penseurs de l'indigénisme postcolonial et leurs idiots utiles, ces élèves demain citoyens sont porteurs d'une dynamique destructrice du lien social et national.

Quand, après le 11 septembre 2001 et les explosions de joie que ce carnage suscita dans de nombreux établissements, mon collègue Iannis Roder me proposa d'écrire un témoignage dans un collectif en cours de rédaction, j'acceptai immédiatement. Je sentais bien que se jouait une bascule majeure de la société française et qu'à l'école fermentait une haine radicale prête à exploser. Aucun d'entre nous n'imaginait que le livre aurait une telle postérité. Ni qu'il aurait des conséquences aussi douloureuses pour nos vies ou nos carrières comme Georges Bensoussan en a fait la pénible expérience. L'expression *Territoires perdus de la République* a fait florès. Elle nous a presque échappé. Nombre de politiques, journalistes ou intellectuels l'utilisent, voire l'exploitent, sans même avoir lu une page du livre ! Nous n'avions pourtant pas l'impression de lever un grand tabou sur la montée du communautarisme et des troubles publics qu'il entraînait. Nous racontions notre quotidien d'enseignants. Mais, il faut accepter d'être traités de « pompiers pyromanes » dans une société qui cultive le déni. Ne pas abandonner le terrain aux autruches, surtout pour la génération à venir qui ne s'embarrassera peut-être plus du politiquement correct qu'on lui impose quand des conflits directs s'ouvriront.

Des pans entiers du territoire national ont été *perdus* parce qu'ils ont été abandonnés culturellement. Non économiquement, contrairement aux banalités répétées en boucle sur l'abandon des banlieues, car, très tôt, elles furent l'objet de toutes les aides publiques. En 1977, sous le jeune et moderne président centriste Giscard d'Estaing, le premier « plan banlieue » naissait... Puis viendra la politique de la Ville, expression dont l'imprécision illustre la novlangue administrative justifiant qu'on déverse des milliards d'euros sur ces quartiers dès 1982, date de son invention suite au rapport Bonnemaison. Nous en étions au début du quinquennat Hollande à 130 milliards d'euros dépensés, dont 40 pour le seul plan Borloo. Il était plus simple de rénover le bâti que de s'attaquer au cœur du problème : la fracture socioculturelle. Rénover un quartier ne suffit pas si on n'assure ni la sécurité des habitants ni le respect des lois de la République.

Une multitude d'associations de quartiers ont vu le jour sans que leur efficacité sur le terrain soit toujours démontrée. À partir de 1981, elles furent largement subventionnées par l'État dispendieux des ères mitterrandienne et chiraquienne sous couvert de « politique de la Ville », puis par les collectivités territoriales qui jusqu'à aujourd'hui arrosent les associations locales avec l'argent du contribuable. Subventions locales qui reflètent souvent un clientélisme électoral[1]. Combien de ces associations de quartiers perçoivent des subventions publiques sans jamais justifier de leurs activités ? Si certaines sont respectueuses des principes républicains et assurent un service avéré aux habitants, beaucoup ont servi

---

1. Le budget du secteur associatif en 2012 était de 70 milliards d'euros dont 35 de subventions publiques.

« J'ai le droit » en zones de non-droit

de vitrine à des mouvements politico-religieux en s'offrant une clientèle et avançant leurs pions dans la conquête idéologique et sociale de ces territoires.

Par souci d'économie et par méconnaissance du tissu social, les municipalités ont délégué à ces associations la gestion sociale et culturelle des « quartiers ». Dans les années 2000, nous observions des élèves participer à l'aide aux devoirs dans des associations salafistes locales dûment autorisée par la mairie. Aujourd'hui, on prend des airs effarouchés et des élus prétendent avoir été abusés… En attendant, depuis plus de vingt ans, ils ont bel et bien acté la mainmise communautariste en l'habillant d'un discours tolérant et multiculturaliste et en s'autopersuadant qu'ils avaient affaire à des « modérés ». Ces modérés qui invitaient le maire à la rupture du jeûne de ramadan en contradiction avec la loi de 1905, proposaient des activités sportives et des ateliers pendant les vacances évitant à la municipalité cette charge sociale, organisaient des journées portes ouvertes à la mosquée au nom du dialogue interreligieux[1]… D'autres associations qui faisaient un réel travail social et culturel d'insertion professionnelle ou éducative ont été délaissées par certaines collectivités, marginalisées voire calomniées par les associations communautaristes qui prétendaient mieux « tenir » les quartiers. Elles l'ont montré, en effet, durant les émeutes de l'hiver 2005. Et c'est ce qui compte pour le maire ou le préfet : éviter à tout prix une émeute !

---

1. Voir le témoignage du maire d'une ville francilienne à ce propos dans *Une France soumise*, Albin Michel, 2017, p. 25-44.

Génération « j'ai le droit »

Au-delà des réactions positives ou négatives, avec *Les territoires perdus de la République* nous avions espoir que l'exposé de cette réalité sur la faillite de l'école dans les banlieues susciterait des actions. Nos récits dévoilaient l'abandon de pans entiers de la société et de la jeunesse de France aux mains des idéologues de ce qu'on nomme aujourd'hui « l'islam radical ». Nous voulions simplement montrer qu'il était urgent de dire ce que tout le monde voyait, que personne n'osait relater soit par compassion paternaliste soit par peur d'être traité de raciste.

La plupart du temps, à défaut de pouvoir nier le réel, certains journalistes que nous avons rencontrés à la sortie du livre minimisaient l'ampleur des phénomènes que nous décrivions : « Intéressant, mais vos témoignages ne sont que des anecdotes personnelles. » Il fallait effacer la gravité de ce qui se passait, contester l'urgence d'une réponse politique. Le ton était compassionnel pour ces « pauvres gamins de banlieue » condamnés par l'échec scolaire et leur « ascendance immigrée ». Leur rejet de la France faisait figure de réflexe spontané : « Ça se comprend à cause des discriminations et de la colonisation. » Cette corrélation m'échappe tant j'ai pu voir d'innombrables élèves en difficulté scolaire, nés dans des familles immigrées démunies, qui n'étaient ni antisémites, ni violemment sexistes, ni hostiles à la France, leur pays. Pourquoi alors excusait-on ceux qui deviendraient finalement les bourreaux d'Ilan Halimi, de *Charlie Hebdo* ou du père Hamel ? Certains journalistes ou intellectuels qui ont ouvert les yeux depuis

« J'ai le droit » en zones de non-droit

2015 tirent la sonnette d'alarme et s'étonnent de ne pas être entendus...

En 2002, nous cherchions à l'appui de faits du terrain à montrer et expliquer où conduisait le relativisme culturel qui sévissait depuis les années 1970. Nourri de bonnes intentions finalement dévoyées (la tolérance, l'antiracisme, la réparation du préjudice moral des victimes, etc.), ce pathos occupe notre affligeant et ensanglanté présent. Il est le fruit d'une intelligentsia rarement sur la ligne de front mais s'autorisant à parler au nom du peuple, à lui faire la morale du haut de son magistère parisien. Mais cette moraline a perdu de l'audience depuis que la postmodernité a enfanté les indigénistes et une néo-extrême gauche à leur botte. L'antiracisme new-look fait d'identitarisme raciste, antisémite et sexiste ne sent pas meilleur que le racisme vieux look. Le Parti des indigènes de la République, le Bondy Blog ou le Collectif contre l'islamophobie en France, pour ne citer que les plus célèbre, sont les alter égo de groupes d'extrême droite comme Égalité & Réconciliation ou Les Identitaires. Ils partagent la même ambition : détruire les derniers vestiges humanistes de nos sociétés démocratiques endormies par le consumérisme ultralibéral. Ils partagent une haine commune : les Juifs aussi dénommés « les sionistes ». Le silence ou le malaise médiatique à parler de ces sujets est souvent lié à cette tuméfaction indigéniste dont la gauche a du mal à comprendre qu'elle est l'un de ses membres gangrénés. Preuve en est, des « gens de gauche » qui l'ont compris comme Manuel Valls, Malek Boutih ou Laurent Bouvet sont désormais qualifiés de « racistes islamophobes ».

*La banalisation
de la judéophobie musulmane*

Sur la judéophobie musulmane, nous nous doutions qu'il y aurait encore plus de réticence à être compris. On l'a vu avec le meurtre d'Ilan Halimi, avec la tuerie de l'école juive de Toulouse et les nombreuses agressions qui ont eu lieu au début des années 2000 : tant que ça ne concernait que les Juifs, l'opinion publique ne s'y intéressait guère. C'est d'ailleurs la levée de ce tabou qui en a rendu certains hystériques à notre encontre. Nos témoignages sur l'enracinement de l'antisémitisme musulman en France n'ont pas seulement été mis en doute par nos contradicteurs comme Plenel, Mucchielli, Boniface et d'autres, ils ont été récusés, présentés comme des exagérations voire des mystifications émanant de racistes. Nous fûmes également qualifiés « d'agents du sionisme ». Impossible pour eux de se résoudre à admettre que les néonazis ou le FN n'avaient rien à voir dans les passages à l'acte pouvant conduire au meurtre d'un enfant dans les bras de son père dans une cour d'école ou au viol d'une femme devant son mari, comme ce fut le cas à Créteil en décembre 2014. L'extrême droite héberge bien des antisémites, personne n'irait le nier. En revanche, ceux qui en France agressent physique-

« J'ai le droit » en zones de non-droit

ment voire tuent des Juifs parce que juifs se déclarent tous musulmans. Et personne n'a autorité pour leur dénier cette autodénomination.

Certains s'irritent : à quoi bon insister sur l'identité des assassins ? Ce sont des barbares, un point c'est tout. Pourquoi alors se répandre dans une réprobation entendue sur les antisémites d'extrême droite ? Eux aussi mériteraient la même indulgence : qu'on n'insiste pas sur leur pedigree. Au contraire, tous les antisémites méritent qu'on soit précis sur leur profil idéologique, sur les motivations qui nourrissent leur judéophobie. De ce point de vue, la judéophobie musulmane a ses singularités et ne se réduit pas à un avatar exotique de l'antisémitisme occidental comme certains veulent le faire entendre. Ce n'est pas non plus une invention des islamistes comme d'autres le racontent pour disculper l'islam de cette tache originelle qui prend racine dans ses textes doctrinaires. Cette judéophobie a des racines théologiques. Elle a une histoire, un projet, une expression distincte de l'antisémitisme occidental. Nous n'en sommes hélas qu'au début de l'exposition de cette réalité en France. Et ceux qui y consacrent une part de leurs recherches sont l'objet de tous les anathèmes, je pense bien sûr à Georges Bensoussan, qui dut en répondre devant un tribunal, à Shmuel Trigano, à Pierre-André Taguieff. Difficile de « penser l'ennemi imprévu », comme l'écrit Taguieff.

La violence antijuive et sa banalisation observée à l'école n'a pas surgi de nulle part. Elle a des racines religieuses, anthropologiques, sociologiques, historiques. Cela a fait l'objet de nombreuses études[1], mal connues en France tant la mythologie d'un islam tolérant à l'égard des « religions du Livre » perdure dans notre pays. J'ai d'ailleurs montré la force de cet « historiquement correct » dans une étude des manuels scolaires concernant le traitement de l'islam comme fait religieux[2]. On s'interdit d'analyser la relation à l'Autre en islam en se persuadant que la religion musulmane du point de vue théologique ne recèle en soi aucune violence. La barbarie islamiste serait une perversion du message coranique. Circulez.

Penser l'antijudaïsme islamique impose de s'intéresser historiquement aux relations que les musulmans eurent dès les origines de l'islam avec les Juifs. Cela a déterminé leur vision de ce peuple et fixé la façon dont les conquérants musulmans allaient traiter tous les peuples conquis. Des Juifs ont été sauvés par

---

1. Paul Fenton et David Littman, *L'Exil au Maghreb. La condition juive sous l'islam, 1148-1912*, Presses universitaires de la Sorbonne, 2010 ; Norman Stillman, *Jews in the Arab Land. A History and Source Book*, JPS Edition, 1998 ; *id.*, *Jews of Arab Land In Modern Times*, JPS Edition, 2003 ; Bernard Lewis, *Juifs en terre d'islam*, Flammarion, 1986 (repris dans *id.*, *Islam*, Quarto-Gallimard, 2002) ; Matthias Küntzel, *Jihad et haine des Juifs* [2002], Éditions du Toucan, 2015 ; Martin Cüppers et K.-M. Mallmann, *Croissant fertile et croix gammée*, Verdier, 2009 ; Georges Bensoussan, *Juifs en pays arabes. Le grand déracinement, 1850-1975*, Tallandier, 2012 ; Bat Yeor, *Juifs et chrétiens sous l'islam*, Berg, 2005 ; Nathan Weinstock, *Histoire de chiens*, Mille et Une Nuits, 2004 ; Shmuel Trigano (dir.), *La Fin du judaïsme en terre d'islam*, Denoël, 2009.

2. « Comment l'islam est abordé dans les manuels scolaires ? », FigaroVox, 23 septembre 2016, disponible en ligne.

« J'ai le droit » en zones de non-droit

quelques Polonais ou voisins ukrainiens, mais la majorité des Polonais ou des Ukrainiens ont collaboré avec les nazis au génocide des Juifs. Leur antisémitisme primaire ne devait pas grand-chose à la propagande du IIIe Reich, il relevait d'une culture antisémite qui puisait dans un antijudaïsme chrétien pluriséculaire. Ce détour pour dire que la mémoire individuelle ne fait pas l'histoire des hommes, elle l'oblitère même au nom du politiquement correct forcément ancré dans le présent. On a besoin aujourd'hui d'invoquer des mémoires positives concernant les rapports judéo-musulmans en particulier au Maghreb pendant la colonisation[1]. Alors les autres mémoires sont bâillonnées, et surtout la longue histoire des insultes antijuives, des crachats, du *mellah* (terme arabe équivalent au ghetto européen), des pogroms, des lapidations enfantines sur les vieux Juifs qui passaient et dont des témoins français, par ailleurs peu sensibles au sort des Juifs, ont fait le récit dès le milieu du XIXe siècle[2].

Pour servir la mythologie du « vivre-ensemble », dans nos manuels scolaires, on ne parle que d'un islam tolérant à l'égard des autres monothéismes,

---

1. Comme s'évertue à le faire depuis dix ans le Projet Aladin porté par la Fondation pour la mémoire de la Shoah et l'UNESCO pour, je cite, « recoller les morceaux entre Juifs et musulmans », quitte à enjoliver l'histoire de la soumission des premiers par les seconds, voire inventer des sauvetages de Juifs pendant la Shoah par des autorités officielles musulmanes !

2. Voir dans : Georges Bensoussan, *Juifs en pays arabes. Le grand déracinement, 1850-1975*, op. cit. ; Daniel Sibony, *Un certain « vivre-ensemble ». Musulmans et Juifs dans le monde arabe*, Odile Jacob, 2016.

sans raconter la violence des conquêtes arabes, l'islamisation forcée, l'esclavage, sans remonter aux agissements criminels de Mohamed à l'égard des tribus juives insoumises de Médine. C'est oublier que l'humiliation est la première marque du statut du *dhimmi*, comme cela est souligné dans le Coran et la Sunna.

Les défenseurs de « l'islam de paix » ignorent que l'inconscient musulman à l'égard du peuple juif s'est construit au fil des siècles sur sa représentation de falsificateur de la parole divine. C'est ainsi que la littérature islamique les décrit, racontant qu'Ezra, au IVe siècle av. J.-C., aurait volontairement falsifié la Torah par le passage de la tradition orale à la tradition écrite. L'élu de Dieu est le musulman (celui qui se soumet à Dieu) et non le juif qui a trahi la parole divine. C'est ainsi que les prophètes juifs sont islamisés par la langue coranique et qualifiés de musulmans. Cette islamisation de la tradition juive, je l'ai constatée dans mes classes lorsque j'abordais l'histoire du fait religieux juif en classe de 6e : l'immense majorité de mes élèves de culture musulmane étaient persuadés que Moïse (Musa), Joseph (Youssef), Jacob (Yacoub), Abraham (Ibrahim) étaient musulmans. La découverte de l'antériorité du judaïsme sur la tradition islamique, tant chronologique que spirituelle, fut pour certains un véritable choc.

La vision coranique du peuple juif falsificateur et hérétique a planté les germes d'un antijudaïsme populaire. Qu'il fut récemment « enrichi » par l'antisémitisme européen est indéniable, en particulier avec la propagande de la confrérie des Frères musulmans et l'active collaboration du mufti de Jérusalem

« J'ai le droit » en zones de non-droit

avec le IIIe Reich[1], mais ce n'est ni l'impérialisme européen, ni les nazis qui ont fait découvrir l'antisémitisme au monde musulman.

Au début des années 2000, les médias généralistes répétaient derrière des « experts » en géopolitique ou en sociologie que la question antisémite n'était plus un sujet en France. Les violences antijuives étaient dues à une « importation » du conflit israélo-arabe. Pourquoi et qui l'avait importé ? Mystère. Invoquer ce conflit évitait de nommer la haine qui montait dans les banlieues, l'islamisation et la facilité du passage à l'acte qui commença par les Français juifs avant de s'étendre à tous les Français. Le réveil fut rude en janvier 2015. Renvoyant dos à dos Juifs et Arabes de France pendant presque vingt ans, on avait effacé le statut de victimes des premiers et d'agresseurs des seconds. Puis vint la variante de l'excuse avec les « penseurs du postcolonial » : on ne leur parle pas assez de l'esclavage et de la guerre d'Algérie à l'école[2], donc ils sont antisémites, étant sous-entendu qu'à l'école on leur parlait « trop » de la Shoah.

Dès le milieu des années 1990, les Juifs durent se protéger eux-mêmes, mettre en place un système de recensement des actes antijuifs, de surveillance des lieux de culte ou des écoles juives, des formations à l'autodéfense ou à la protection des personnes.

---

1. Martin Cüppers et K.-M. Mallmann, *Croissant fertile et croix gammée, op.cit.*
2. Ce qui est faux puisqu'il n'est qu'à lire les textes officiels pour voir que ces questions sont au programme du collège et du lycée depuis au moins vingt ans.

Génération « j'ai le droit »

Le kidnapping et l'assassinat d'Ilan Halimi en janvier 2006 aura été l'apogée de cette cécité. Il fallut des années pour que les médias, les responsables politiques et la justice concèdent la motivation antisémite du crime. À l'époque, la mode n'était pas encore aux « déséquilibrés » et autres malades psychiques, on était sur le registre « vulgaires malfaiteurs » sinon Youssouf Fofana et sa bande auraient pu s'en sortir avec un non-lieu à raison de « l'abolition du discernement ».

Les Juifs de France ne sont plus ni des israélites, ni des habitants du shtetl, ni des *dhimmis*. L'incapacité qu'a montrée la République à garantir leur sécurité « hors des murs du ghetto » est un signe pour les Juifs de France que quelque chose s'était brisé. Quelque chose de profond : la confiance en son pays. Cette confiance brisée entre les Français juifs et la République a laissé des traces, surtout pour ceux qui vivent encore dans les quartiers populaires. Eux qui doivent scolariser leurs enfants en écoles privées pour préserver leur sécurité, faire des détours pour éviter certaines « rues à risques ». Une majorité d'entre eux ont d'ailleurs déménagé au fil des ans au prix d'importants sacrifices, sans parler de l'émigration vers Israël[1]. Ceux qui restent dans ces quartiers, comme à Sarcelles ou dans le 19ème arrondissement parisien par exemple, vivent dans une sorte de ghetto volontaire et alimentent, à leur corps défendant, le cliché d'un prétendu « communautarisme juif ».

---

1. Voir l'ouvrage récent de Serge Moati, *Juifs de France, pourquoi partir ?*, Stock, 2017.

« J'ai le droit » en zones de non-droit

Au tournant des années 2000, la réalité de la judéophobie musulmane en France était connue. Toutes les informations nécessaires étaient à disposition des politiques, des médias : le recensement des actes antisémites par les CCJ[1] franciliens puis le BNVCA[2] de l'ancien commissaire Sammy Ghozlan, comme les statistiques établies en partenariat avec les autorités. On rappellera qu'en 2000 la Commission nationale consultative des droits de l'homme (CNCDH) indiquait que les agressions antisémites étaient quatre fois plus nombreuses que les autres agressions de type raciste. En 2002, la CNCDH montrait que 60 % des agressions racistes concernaient les Juifs contre 24 % pour les musulmans. 74 % des menaces et intimidations à caractère raciste enregistrées en France étaient de nature antisémite. Un groupe de Français dont l'appartenance religieuse représente moins de 1 % de la population générale concentre l'essentiel des actes racistes. En 2017, un acte raciste sur trois est de nature antijuive.

Les nombreux musulmans qui ne nourrissent pas cette haine antijuive se sont arrachés à ce triste héritage, ils se sont élevés au-dessus de la doxa islamiquement correcte qui fait du mot *juif* une insulte courante que j'ai entendue maintes fois dans les établissements classés ZEP où j'ai enseigné. Ils sont la preuve qu'on peut se déprendre d'une culture de haine par la force de son libre arbitre. La France et plus généralement l'Europe cherchent à comprendre

---

[1]. Conseil des communautés juives (déclinés à l'échelle locale, en général le département).
[2]. Bureau national de vigilance contre l'antisémitisme.

le phénomène antisémite avec des représentations et des références liées à l'antisémitisme européen et au nazisme, c'est anachronique et inefficace[1]. Cela perpétue l'aveuglement et sert de prétexte à l'inaction. Dans le domaine scolaire, notamment, je me suis toujours opposée, en tant qu'enseignante d'histoire, à l'idée qu'emmener des élèves à Auschwitz-Birkenau était un vaccin contre l'antisémitisme. Cela m'a valu bien des incompréhensions, voire des animosités y compris dans les institutions juives, en particulier celles qui « gèrent » cette charge mémorielle. On peut parfaitement comprendre l'histoire du génocide des Juifs d'Europe, en mesurer la dimension singulière, sans aller visiter les « lieux de mémoire ». À Birkenau, on ne perçoit l'indicible que si on a acquis de très solides connaissances historiques en amont. Mais c'est devenu un « lieu commun » pour des projets estampillés « devoir de mémoire », une facilité pour se croire actif au nom de l'incantation « plus jamais ça ».

Pour l'instant, les responsables institutionnels n'ont pas trouvé les réponses pour lutter contre l'antisémitisme d'aujourd'hui. Il en va de même de leur incapacité à lutter contre la haine de la France qui infuse certains mouvements identitaires indigénistes. Les incantations sur « les valeurs de la République » et la « patrie des droits de l'homme » sont sans aucun effet sur les Indigènes de la République, au contraire ! Et l'entre-deux-tours de la présidentielle de 2017 aura montré l'instrumentalisation moraliste à des fins politiciennes

---

1. Voir Georges Bensoussan, *L'histoire confisquée de la destruction des Juifs d'Europe*, PUF, 2016.

de l'extermination des Juifs d'Europe[1]. La réponse à la judéophobie islamique est d'abord politique, judiciaire et sécuritaire. Elle est aussi intellectuelle à condition d'accepter de regarder tant l'histoire que le réel en face, quitte à froisser quelques susceptibilités.

Mes territoires perdus…

Pour comprendre ce que j'ai vécu et ces faits antisémites qui se sont déroulés dans les écoles de la République, il faut rappeler le contexte national et international, ainsi que la part de responsabilité des médias à une époque où l'information alternative sur Internet ou les réseaux sociaux n'en étaient qu'à ses balbutiements. Cet antisémitisme violent en paroles et en actes qui a éclaté au tournant des années 2000 n'est pas né ex-abrupto de l'insurrection palestinienne, il s'est nourri de l'islamisation des quartiers durant toute la décennie précédente. Mais l'instrumentalisation du sujet palestinien dans les médias a allumé la mèche. Le discours médiatique français souvent approximatif sur la géopolitique moyen-orientale a renforcé une hostilité déjà bien implantée.

C'est à l'école, ce haut lieu de l'identité laïque et républicaine, que l'intimidation islamiste a cherché à s'enraciner avec les jeunes collégiennes voilées à la

---

1. *Causeur*, « L'indécente visite d'Emmanuel Macron au mémorial de la Shoah », en ligne, 2 mai 2017 et « Copyright : la Shoah serait-elle devenue une marque déposée ? », en ligne, 11 mai 2017.

rentrée de septembre 1989 dans le collège Gabriel-Havez de Creil. L'islamisation sur le mode salafiste Frères Musulmans a dès lors marché sur deux jambes : d'une part la visibilité publique de sa tutelle sur tous les musulmans vivant en France par la propagation du port du hijab (le voile islamique), d'autre part le discours de victimisation. L'UOIF y trouva l'occasion d'affirmer son autorité, et se dévouera sans relâche à promouvoir le hijab à l'école et défendra les familles engagées dans des poursuites contre l'État. L'instrumentalisation du droit par l'islam politique commençait. Deuxième pilier de l'islamisation, la victimisation articulée à la cause palestinienne dont je résume le discours : « Vous les musulmans de France êtes les héritiers perpétuels de la blessure coloniale, on vous traite comme des indigènes et vous êtes donc par nature les défenseurs des Palestiniens eux-mêmes victimes du colonialisme sioniste. » L'islamisation salafiste qui s'est propagée en France tout au long des années 1990 a pour toile de fond cette radicalité jihadiste qui gagne le Moyen-Orient comme le Maghreb. La France connaît maintenant le mode opératoire mis au point par les « ingénieurs » palestiniens du Hamas et du Jihad islamique dans les années 1990 qui ont largement diffusé leur savoir-faire dans le monde jihadiste. On ne rappellera jamais assez l'influence majeure d'une poignée d'idéologues palestiniens, abrités en Arabie saoudite, en Jordanie ou au Qatar, dans le jihadisme mondial d'al-Maqdissi à Abou Qatada en passant par Abdallah Azzam. Sans parler de feu Cheikh Yassine, le fondateur et guide religieux du Hamas dont la mémoire est honorée en

« J'ai le droit » en zones de non-droit

France par un virulent collectif ayant pignon sur rue, ouvertement antijuif.

Au tournant des années 2000, quand je suis devenue enseignante, la situation géopolitique était tendue mais je n'avais pas imaginé que mes premières années d'enseignement en porteraient directement la marque. En septembre 1999, mon premier poste de titulaire dans un collège classé en ZEP de Pierrefitte-sur-Seine en fut le théâtre. Dans cet établissement, les élèves issus de l'immigration maghrébine et africaine étaient largement majoritaires. L'équipe de direction s'articulait autour d'un principal à quelques encablures de la retraite incapable de gérer les violences scolaires, il appelait cela « faire preuve de bienveillance »… Son adjoint, plus jeune, avait développé un clientélisme stupéfiant : acheter la paix sociale avec des canettes de soda et autres friandises distribuées gracieusement aux petits caïds du collège. La boutique tournait puisque les élèves avaient pris le dessus. Mes collègues étaient majoritairement de jeunes titulaires, seul un noyau dur d'anciens se distinguait, des profs « investis » dans maints projets qui trouvaient toute cette « diversité des cultures formidable, pleine de vitalité ». Comment voir la diversité culturelle dans la population des collégiens puisque la culture banlieue « J'ai le droit » s'imposait à tous avec ses accoutrements, sa gestuelle et son sabir que certains paternalistes des beaux quartiers continuent de trouver exotiques et vivifiants culturellement. Tout cela était au contraire d'une consternante homogénéité au regard du projet de l'École républicaine.

Génération « j'ai le droit »

Le collège n'était plus qu'un prolongement des activités de la cité. Je prenais mes marques et m'imposais. Avec mes classes de 3e où certains élèves avaient dix-sept ans et me dépassaient de trois têtes, tout se passait bien. Je fus même bombardée prof principale chargée de l'orientation en fin d'année. Il n'en allait pas de même des 5es où les classes étaient sous le joug d'une poignée de caïds ascolaires qui n'avaient pas l'intention de laisser les autres travailler sans rétribution. Ils faisaient leur loi et l'imposaient à la majorité silencieuse au nom d'une seule logique : « j'ai le droit ».

Ce qui précède est assez banal en ZEP. Mais quand la municipalité communiste, via le principal du collège également conseiller municipal, vint se mêler de projets scolaires, plus rien ne fut banal. Lors de la prérentrée, le principal évoqua un projet en cours d'organisation à l'intitulé énigmatique : « Voyage de la Paix ». Je m'interrogeais, ma voisine me parla d'un vague jumelage scolaire avec des élèves palestiniens. Je gardais pour moi mes doutes sur le caractère neutre de ce voyage pédagogique autant que sur le succès de cette entreprise « pacifiste » propice à mettre de l'huile sur le feu. Je considérais que mon statut de fonctionnaire m'obligeait à une stricte neutralité, mais je constatais rapidement que les collègues initiateurs du projet n'avaient pas cette déontologie. Je me contentais de poser des questions factuelles : où, qui, comment, pour quoi faire ? Le projet ne concernait en fait qu'un échange scolaire avec des Palestiniens de Cisjordanie, à Kalandja si mes souvenirs sont exacts, ville présentée par mes collègues organisateurs

« J'ai le droit » en zones de non-droit

comme un « camp de réfugiés »[1]. Aucun partenariat avec une école israélienne ne fut envisagé. Je fis remarquer l'intention unilatérale de l'ambition. On me rétorqua que je n'y connaissais rien. Dont acte. J'apprenais ensuite que l'école palestinienne en question était non mixte, les organisateurs ayant toutes les peines du monde à faire accepter à leurs homologues palestiniens la présence de quelques filles ! On alla les chercher dans une autre école pour former ce groupe mixte... En février la délégation fut reçue au collège. La mairie pavoisait aux couleurs de la Palestine. Quand un enseignant décida de poser le buste de Yasser Arafat offert par la délégation palestinienne sur une étagère de la salle de profs, je demandais à haute voix « où était la neutralité laïque de l'école ? » Silence assourdissant des collègues.

Quelques temps plus tard, en salle des profs certains collègues firent le récit de leur voyage en mentant sur la réalité israélienne. Sans polémiquer, je rectifiai quelques erreurs historiques. L'invective tomba : « Qu'est-ce que tu en sais ! Tu n'y étais pas. » Je dus me justifier, expliquant bien connaître ce pays puisque je m'y étais rendu de nombreuses fois, que j'y avais résidé une année à l'université de Jérusalem au milieu des années 1990. Stupéfaite, comme si on venait de lui révéler un secret d'État, une collègue me répondit : « Mais, tu t'appelles Lefebvre ! » La profondeur de son inculture autant que son antisémitisme étaient tout entiers dans cette interjection.

---

[1]. Ville située en Cisjordanie (et non pas un « camp de réfugiés ») qui fut jumelée en 2004 avec Pierrefitte-sur-Seine.

J'avais beau croire au principe de la neutralité laïque, j'étais par la force des choses, par la violence idéologique de militants venimeux, réduite à cela : « la prof juive » qui ne disait pas son nom...

« La bonne nouvelle » circula vite dans le collège et quelque temps plus tard, j'en subis la brutalité. Je terminais mon cours avec ma classe de 5ᵉ et m'apprêtais à noter dans le cahier de texte le travail réalisé. À la page histoire-géographie, je lus en lettres capitales : « sale juif ». Cette insulte à mon intention n'était-elle pas un des effets collatéraux du militantisme palestinophile au sein du collège par une poignée d'enseignants aidés de la municipalité ? Tout cela n'avait-il pas légitimé une violence antijuive latente chez nombre de nos élèves ? J'ai demandé qui était l'auteur du graffiti : silence gêné, quelques sourires fugaces. Je leur déclarai que j'obtiendrais la vérité « de gré ou de force ». J'en parlai à leur professeur principal, enseignante débutante comme moi, qui prit la chose au sérieux et proposa de consacrer son cours à élucider cette affaire. En vain. Nous décidâmes de les garder en classe après la sonnerie de fin de journée, jusqu'à aveu. J'annonçai cela à la direction sans leur laisser le choix. Nous les avons donc « séquestrés ». Au bout d'une trentaine de minutes, après que quelques filles se sont mises à pleurer de peur d'être punies pour leur retard, les élèves indiquèrent de façon anonyme, sur un papier, le nom de mon agresseur. Un élève d'origine marocaine.

Je suis convaincue que si nous n'avions pas fait preuve de cette détermination, si nous les avions lais-

« J'ai le droit » en zones de non-droit

sés quitter le collège, reportant aux jours suivants l'élucidation de cette affaire, les choses auraient traîné et la gravité de ce qui avait eu lieu aurait été moins bien saisie par tous les élèves de la classe. J'ai porté plainte contre l'élève. C'est douloureux de dénoncer un mineur de treize ans, mais la pédagogie est aussi dans la réponse judiciaire. Convoqué par la police, on lui annonça que le procureur ne donnerait pas de suites judiciaires si, au cours des six mois à venir, il ne se faisait pas remarquer. Certains collègues m'ont désapprouvée. La ritournelle « ce n'est pas sa faute, ils parlent tous comme ça ici, sans savoir ». Comme si pour être labélisé « antisémite », il fallait être un idéologue aguerri ayant assimilé *Mein Kampf*, le *Protocoles des Sages de Sion* et Sayid Qutb en version intégrale. J'ai expliqué à ces collègues que si cet élève avait voulu m'insulter, il pouvait me traiter de *salope* ou de *pute*, vocabulaire usuel dans la culture de cité pour parler des femmes. Il avait choisi de me traiter de *sale juive*, et à mes yeux, ce n'est pas qu'une nuance.

L'année suivante, j'obtenais un poste fixe en collège ZEP à Colombes. J'y ai vécu les cris de joie de nombreux élèves après le 11 septembre 2001 et leur refus de faire la minute de silence. J'y ai observé l'activisme de deux surveillants appartenant à la mouvance salafiste, dont l'un étudiait la sociologie à Paris VIII. Ils diffusaient leur propagande auprès des élèves au point que quelques filles de religion musulmane s'étaient plaintes à la direction. Elles étaient l'objet de remarques sur l'indécence de leur tenue vestimentaire, l'obligation du jeûne du ramadan et surtout celle de porter le voile au collège (la loi de 2004 n'existait pas encore). Quand, en décembre 2002, je participai pour la première fois à une émission de télévision[1], je fus étonnée de retour au collège des réactions de mes collègues qui montraient un relatif détachement se contentant de me dire : « Tiens, je t'ai vu à la télé hier ! » En revanche, certains « grands frères » de nos élèves jugèrent utile, dès le lendemain de l'émission, de venir aux abords du collège ou près de la gare pour me menacer. À plusieurs reprises, à distance le plus souvent ou en me suivant parfois seul ou en petits groupes, ils ont cherché à m'intimider. Lorsqu'un jour l'un d'entre eux s'approcha de moi sur le quai de la gare et fit, en me regardant, le signe de l'égorgement, je pris la décision de demander ma mutation. Le courage de témoigner ne signifie pas l'inconscience du danger.

L'Éducation nationale
face aux territoires perdus

Inutile de préciser que le silence des organisations syndicales fut assourdissant. Nous ne méritions même pas une recension de deux lignes dans leurs gazettes. Nous étions voués à être ostracisés d'autant que le 27 février 2003, nous avons été invités par le ministre Luc Ferry et Xavier Darcos son ministre délégué, à assister à leur conférence de presse qui présentait dix mesures de lutte contre le racisme et l'antisémitisme

---

1. *Mots croisés*, France 2, 2 décembre 2002.

« *J'ai le droit* » en zones de non-droit

à l'école. Mesures qui se perdirent dans les méandres de l'administration centrale et des rectorats réticents à traiter ces « sujets sensibles ». Toutefois les mots étaient posés, la gravité de la situation mesurée. Je n'ai d'ailleurs plus rencontré de ministres de l'Éducation ayant une vision aussi claire des réalités, notamment du danger que représente l'islamisme pour l'école. Ferry et Darcos avaient en outre franchi la ligne rouge du politiquement correct en liant antisionisme et antisémitisme. La réaction syndicale qui suivit garde toute sa « saveur » et son actualité puisque le SNES-FSU n'a pas fléchi d'un iota sur le sujet : « Si beaucoup de jeunes n'ont plus envie de s'intégrer à la société française et à la République, cultivent des réflexes communautaires, n'est-ce pas d'abord parce que la politique des villes a construit des ghettos sociaux et ethniques, parce qu'on leur refuse la réussite scolaire et l'insertion dans l'emploi, parce qu'on méprise les cultures dans lesquelles ils ont grandi ?[1] » Qui est « on » ? Personne n'a jugé utile de poser la question. Peut-être ce que certains appellent aujourd'hui le « racisme d'État »...

Le ministère avait décidé au printemps 2003 de lancer une enquête conduite par l'inspection générale sur ces sujets. Cela faisait suite aux *Territoires perdus* et d'autres témoignages qui furent publiés comme celui de Mara Goyet, *Collèges de France*, qui fit grand bruit. De plus des ouvrages d'experts sur la question de l'islamisme et ses répercussions en France paraissaient

---

[1]. *Libération*, vendredi 23 février 2003, cité par Emmanuel Davidenkoff.

et mettaient ce sujet dans la lumière[1]. L'année 2003 fut aussi marquée par une activité politique de la part de l'exécutif et du législateur autour de la question laïque : rapport *Pour une nouvelle laïcité* de François Baroin remis au Premier ministre, rapport de l'Assemblée nationale rédigé par Jean-Louis Debré sur la *Question des signes religieux à l'école* et installation de la Commission Stasi qui devait déboucher en 2004 sur la proposition de loi. Le président Chirac, impliqué sur le sujet, nous reçut courant 2003 pour partager son intérêt pour notre ouvrage. Restait à l'Éducation nationale à évaluer elle-même la situation via les canaux officiels, vérifier l'ampleur du phénomène à l'échelle nationale et non par des témoignages relatifs à la seule région parisienne comme c'était le cas dans les *Territoires perdus*.

Jean-Pierre Obin, inspecteur général Vie scolaire, fut chargé de piloter cette enquête qui concerna une soixante d'établissements du secondaire de toute la France, sans parler des synthèses rédigées par les inspecteurs du primaire. Les enquêteurs rencontrèrent également des habitants, des associations ou des élus des quartiers concernés. Les conclusions allaient dans le sens de nos témoignages, elles étaient même plus alarmantes puisqu'elles révélaient la diffusion et l'ancrage du communautarisme religieux lié à l'islam politique dans toute la France. Le hijab n'étant qu'un des signes les plus visibles de cette conquête des corps et des esprits des musulmans de France lancée par des

---

[1]. Ouvrages de Bernard Lewis, Olivier Roy, Antoine Sfeir, Michèle Tribalat, Gilles Kepel.

« J'ai le droit » en zones de non-droit

groupes souvent influencés de l'étranger (l'Algérie, le Maroc, la Tunisie, la Turquie, l'Arabie saoudite). Depuis, ces associations et groupes politico-religieux se sont largement francisés et sont parfois autosuffisants. La campagne politique très récente contre les financements étrangers de l'islam en France est donc bien tardive pour être une solution à l'éradication de l'islamisme qui imprègne aujourd'hui un nombre significatif de lieux de culte et d'associations culturelles qui leur sont adossées.

Les derniers mots du rapport sonnent comme une prophétie d'actualité : « Sur un sujet aussi difficile, et aussi grave puisqu'il concerne la cohésion nationale et la concorde civile, soulignons qu'il est chez les responsables de deux qualités qui permettent beaucoup, et qu'on devrait davantage rechercher, développer et promouvoir à tous les niveaux. Ce sont la lucidité et le courage. » Entre-temps le ministère dirigé par François Fillon semblait manquer de ces deux qualités puisque le rapport fut opportunément enfoui sous la pile de documentation urgente remise au ministre. Le texte du rapport circula durant des mois sous le manteau, dans un petit cercle fermé de l'Éducation nationale. Sa publication était sans cesse repoussée par le ministère, signe qu'on voulait l'enterrer. C'est pourquoi en 2006 à l'initiative d'Alain Seksig et de Paul-François Paoli, en accord avec l'inspecteur Obin, un ouvrage collectif – auquel je participai – rendit public le rapport[1].

---

1. *L'École face à l'obscurantisme religieux. 20 personnalités commentent le rapport choc de l'Éducation nationale*, Max Milo, 2006.

Génération « j'ai le droit »

Tout cela eut une indéniable influence sur la décision du gouvernement d'en passer par la loi pour lutter contre l'intrusion du politico-religieux à l'école publique. La loi du 15 mars 2004 interdisant aux élèves « le port de signes ou de tenues manifestant une appartenance religieuse » aura constitué une des rares actions d'endiguement du communautarisme et de l'islam politique en France au cours des deux dernières décennies. On aurait pu éviter d'en passer par la loi si on avait agi dès la fin des années 1980 quand l'islamisme commençait à s'implanter dans nos banlieues. La loi de 2004 était, de mon point de vue, insuffisante puisque circonscrite à l'école. Le fait qu'elle soit considérée par les islamistes et leurs alliés politiques de France et de l'étranger comme une loi discriminante, pour ne pas dire raciste, et comme telle combattue, montre à la fois son utilité et l'impérieuse nécessité d'aller plus loin dans la répression de la visibilité de l'islam politique.

En moins de trois décennies, les islamistes ont réussi à faire croire aux musulmans d'abord, puis aux pouvoirs publics, à certains médias et à une part non négligeable d'intellectuels que le hijab était une obligation religieuse, que c'était un signe banal, sans aucune connotation politique. Le hijab est le drapeau de l'islam radical. Chaque femme, qui le porte volontairement ou non, pavoise aux couleurs de cette idéologie qui a décidé la mort de la démocratie, de nos libertés collectives et individuelles. Qu'on cesse de dire que cela n'a rien à voir avec un projet politique de destruction sociale. Djemila Benhabib a raison de

« *J'ai le droit* » en zones de non-droit

dire « soit c'est le projet islamiste qui l'emporte, soit ce sont les femmes »[1].

Contre les récits des *Territoires perdus*, du rapport Obin et d'autres qui suivirent, se dressa le « parti de la complexité » qui est en réalité celui du relativisme et du différentialisme. Les différents rapports et articles, que ce courant d'historiens-pédagogues a produits à partir de 2003[2], voulaient rendre compte d'une complexité que nous aurions négligée, puisque nous poursuivions, selon eux, un projet au service d'un racisme antimusulman. À l'époque, on ne parlait pas encore d'islamophobie ! Nous faisions « le jeu du FN ». Je caricature à peine la pensée de ces décolonisateurs d'un nouveau genre conduits par quatre principales figures, Sophie Ersnt, Benoit Falaize et Laurence Corbel, trio de départ auquel s'est ensuite arrimée Laurence de Cock. Dans leur contre-enquête, ils n'hésitaient pas à conclure : « De notre point de vue partiel (*sic*), l'enquête que nous avons menée ne nous amène pas à confirmer le point de vue alarmiste sur la situation dans les écoles et établissements secondaires de banlieues populaires contenues, par exemple, dans le volume dirigé par Emmanuel Brenner. » Le rapport Obin les laissa également de marbre.

---

1. *Marianne*, 26 août 2016.
2. *Entre mémoire et savoir. L'enseignement de la Shoah et des guerres de décolonisation*, rapport de recherche de l'équipe de l'académie de Versailles (INRP), 2003 ; *Enseigner l'histoire de l'immigration à l'école*, rapport d'enquête ECEHG (INRP), 2007 ; B. Falaize, C. Bonnafoux, L. de Cock, *Mémoire et histoire à l'école de la République : quels enjeux ?*, Armand Colin, 2007.

Génération « j'ai le droit »

Ces enseignants qui ont pour la plupart quitté le quotidien harassant de la classe continuent de faire la leçon aux profs comme si eux-mêmes étaient toujours face aux élèves des quartiers sensibles.

Pourquoi n'a-t-on pas reconquis les territoires perdus ?

Ces sujets qu'on qualifie de questions sociales « sensibles » tournent autour de l'extension du domaine de l'islam politique dans le corps social et politique français, autour de la judéophobie qu'il charrie, du refus d'intégration qu'il incarne, de la violence et la frustration qu'il nourrit. Ces thèmes étaient présents dans le débat public tout au long de la décennie 2000, mais jusqu'aux attentats de 2015, seulement évoqués au nom du « vivre-ensemble », du « pas d'amalgame », ou du « refoulé colonial ». Beaucoup de mots, beaucoup d'encre. Peu d'actions. Peu de mobilisation de la société civile pour obliger les politiques à agir. Chacun s'est replié dans sa sphère d'influence et d'action.

Il aurait fallu agir dès la fin des années 1980 quand l'islamisme – notamment algérien – commençait à miter le tissu social de la première génération de Français nés de l'immigration maghrébine, avant les flux d'Afrique subsaharienne qui ont fourni un nombre important de partisans à l'islamisme français. Nos autorités politiques et morales ont considéré que cela ne présentait aucun danger, car c'était « leur culture, leur religion ». En critiquer les aspects

« J'ai le droit » en zones de non-droit

incompatibles avec nos valeurs revenait à faire preuve de racisme, ou pire, de colonialisme. On ne rappelle pas assez la tolérance qui se maintint longtemps sur notre sol à l'égard de l'excision[1]. De nombreuses fillettes françaises musulmanes d'origine africaine ont été mutilées sans que les parents ne soient inquiétés. Autre tolérance : la polygamie. Elle se pratique en France, déguisée sous toutes sortes de formulations douteuses que la CAF, les bailleurs sociaux ou la sécurité sociale font semblant d'ignorer. Des assistantes sociales doivent gérer les « décohabitations » de coépouses en conflit et leur trouver des logements sociaux séparés ! Personne, sinon des associations sans le sou se battant pour le droit des femmes dans ces quartiers, n'ose aborder cette question de front. Pourtant la polygamie est non seulement illégale en France mais contraire à nos principes. Silence des secrétariats d'État chargés des droits des femmes et autres instances des collectivités chargées de l'égalité homme-femme. De même, trouve-t-on normal que la reconstruction d'hymen soit devenue une activité régulière de nos gynécologues hospitaliers dans certains quartiers ?

Au lieu de s'opposer à toutes ces pratiques indignes et contraires à notre droit, au lieu de refuser le port du hijab dans l'espace public précisément au nom des

---

1. Les premiers éléments législatifs en France pour lutter contre ces actes de mutilation datent du début des années 2000. Cela a entraîné une baisse des excisions mais aussi conduit à les voir perpétrées sur des fillettes envoyées au pays d'origine durant les vacances scolaires.

valeurs d'égalité, du féminisme et de l'antiracisme, on a laissé la situation pourrir. On a dû finalement recourir à la loi et sur les questions sociétales, légiférer est souvent un aveu de faiblesse politique. La loi de février 2004 comme celle de 2010 n'auraient pas dû être nécessaires. Le vrai courage politique aurait dû être celui de l'exécutif quand ce phénomène a surgi. On connaît le manque de lucidité, l'indifférence, sinon le mépris de la classe politique pour ces questions. Quand on renonce à s'opposer à un contre-modèle de société, il ne faut pas s'étonner de perdre des pans entiers de son territoire tombés sous la coupe d'islamistes, modérés ou radicaux. Mon passage comme chargée de mission au Haut Conseil à l'intégration de 2008 à 2011 m'a permis de mesurer combien il était illusoire de croire que les politiques prenaient la mesure du danger. Beaucoup de formules chocs pour faire le buzz, mais il n'y avait aucun courage politique au-delà. En catimini, on s'activait dans les administrations à vider toutes décisions de leur substance, en accord avec l'exécutif à l'Élysée comme à Matignon. La communication ne fait pas l'action, elle en est même souvent l'exact contraire.

À la veille de la rentrée scolaire 2017, les médias se sont concentrés durant quelques jours sur l'ouvrage d'un principal à la retraite qui ne racontait rien d'autre qu'une version personnelle des *Territoires perdus de la République* et du rapport Obin[1]. On « découvrait » l'ampleur du désastre. Un peu

---

1. Bernard Ravet, *Principal de collège ou imam de la République ?*, Kero, 2017.

« J'ai le droit » en zones de non-droit

comme en janvier 2015 lorsque l'opinion réalisa que la France abritait un foyer ardent de violence sanguinaire. Comme si rien n'avait été dit ou écrit depuis plus de deux décennies sur le sujet, sur l'intrusion de l'islam politique à l'école, les requêtes à caractère religieux insistantes pour l'alimentation, les contestations des enseignements, le calendrier scolaire.

Malgré les mesures prises par le ministère en 2003, malgré le rapport Obin de 2004, malgré *Les territoires perdus de la République*. Ils étaient tous dans nos classes, dans les années 1990 et 2000 les Merah, Fofana, Kouachi, Coulibaly et d'autres « déséquilibrés » venus à leur suite. À l'école de la République depuis trois décennies, la haine a continué à croître sur fond d'acculturation de masse. Que de temps perdu, de beaux principes vains et instrumentalisés pour « endormir » les masses à qui l'on demande implicitement de « s'habituer » à la barbarie.

L'école est bien le seul lieu qui nous reste pour sauver le lien social. Ce lieu d'adhésion affective et raisonnée à l'identité commune dont la lente agonie brise le cœur de tant de Français. L'école est un si vaste chantier qu'on ne sait par où commencer : dévasté par le pédagogisme, le relativisme culturel, le consumérisme scolaire, le communautarisme. Pourtant, nous n'avons plus le choix. L'école de la République doit être reconquise. Nous l'avons encore montré par de nombreux témoignages dans *Une France soumise*, il existe une majorité de gens dans ce pays qui ne se résignent pas. On peut reconquérir l'école, avec de l'audace et du courage, comme les Français en sont capables quand le moment du sursaut est venu, quand plus aucune autre alternative ne s'offre. Sinon la disparition de ce que nous sommes. Quelle pédagogie collective des « devoirs citoyens » est mise en acte pour répondre à la culture individualiste et de plus en plus agressive du « J'ai le droit » ?

7.
L'école inclusive n'existe pas

Il y a des élèves qu'on n'entend jamais proclamer « j'ai le droit », et pourtant ils seraient légitimes à le dire. À la rentrée 2017, l'école publique et privée sous contrat accueille un peu plus de 300 000 élèves en situation de handicap[1]. Plus de la moitié d'entre eux ont besoin d'un accompagnement humain individuel[2]. D'énormes progrès ont été faits depuis la loi de février 2005, une plateforme téléphonique pour répondre aux questions des familles, le développement de classes d'inclusion scolaire pour les élèves porteurs des handicaps les plus sévères, une secrétaire d'État chargée du handicap avec une réelle

---

1. Sur un total de 12 400 000 élèves, soit un taux de 2,5 % d'élèves en situation de handicap parmi les effectifs d'élèves. Cela est nettement inférieur au taux de personnes handicapées dans la population générale qui est d'environ 18 % (même si une part de ces 18 % relève de handicaps acquis à l'âge adulte).
2. Appelé AVS (auxiliaire de vie scolaire) ou AESH (accompagnant des élèves en situation de handicap).

expertise dans le domaine[1]. Néanmoins, à chaque rentrée, et 2017 n'a pas fait exception, plusieurs milliers d'enfants doivent rester chez eux. Ils attendaient impatiemment cette rentrée scolaire qu'on leur avait promise, mais sont privés d'école, faute d'accompagnant ou d'une réponse favorable de l'école de secteur en dépit de l'obligation légale. Beaucoup sont inscrits dans les effectifs, mais doivent retourner chez eux après quelques jours d'école, car l'enseignant refuse de les garder sans la présence d'un hypothétique accompagnant. Les parents sont isolés et ne trouvent souvent du réconfort que sur les réseaux sociaux. Ils doivent parfois subir les foudres des autres parents d'élèves qui s'inquiètent plus ou moins ouvertement de voir leur progéniture fréquenter en classe un enfant trisomique, autiste ou sourd. C'est politiquement incorrect de le dire, mais c'est la réalité de la violence sociale à laquelle tant de familles sont confrontées. « Il faut le vivre pour le croire », disent souvent ces parents désabusés.

L'inclusion : une notion précise qui devient un principe général ?

Dans les années 2000 surgit en France le concept d'inclusion diffusé aux États-Unis et au Canada dans les années 1990. Chez nous, il concerne au départ

---

1. Sophie Cluzel a dirigé des collectifs associatifs importants. Elle a présidé la Fédération nationale des associations au service des élèves présentant une situation de handicap.

L'école inclusive n'existe pas

principalement les enjeux scolaires : « l'école inclusive » est un des objectifs définis par la déclaration de Salamanque de l'Unesco en 1994. Naît alors l'expression « élèves à besoins éducatifs particuliers ». Il faut s'arrêter sur cette formule vague car elle a fini par désigner tous les élèves en grande difficulté scolaire. Cet élargissement pose un sérieux problème de mise en œuvre et d'évaluation de la politique publique en faveur des enfants en situation de handicap. Ainsi, aujourd'hui, les moyens alloués à « l'école inclusive » bénéficient davantage aux élèves en grande difficulté scolaire sans diagnostic de handicap. L'école inclusive ne sert plus prioritairement le handicap mais plutôt les décrocheurs scolaires qui focalisent l'attention du ministère et des rectorats.

Toujours la même histoire : l'élève en rupture scolaire gêne son environnement *donc* on s'occupe de lui. On dépense, on mobilise tous azimuts pour lui : classe relais, passerelle, école de la deuxième chance, etc. Quand, dans le même temps, on refuse d'ouvrir une classe ULIS[1] dans un bassin scolaire où les familles ne trouvent pas de place pour leur enfant et sont obligées de faire des dizaines de kilomètres chaque matin (ou avec un taxi payé par la MDPH[2]) pour le

---

1. Unité localisée d'inclusion scolaire ; classe spécialisée intégrée dans une école, un collège ou un lycée dirigée par un enseignant spécialisé qui inclut les élèves dans les classes ordinaires en fonction de leurs capacités et du projet personnalisé de l'élève.
2. Maison départementale des personnes en situation de handicap.

conduire à l'école ! L'élève en situation de handicap ne récrimine pas. Et quand les familles osent dire « J'ai le droit », en invoquant la loi et non un intérêt particulier incompatible avec l'intérêt général, on les trouve intrusives, exigeantes, trop impatientes. L'État a pensé à tout : l'extrême lenteur administrative des MDPH est là pour les décourager... Au fil des ans, devant l'inéquitable traitement dont leurs enfants font les frais, n'est-il pas logique que certains parents d'enfants handicapés prennent l'école en grippe et deviennent de plus en plus procéduriers ? Pour qui l'école inclusive avait-elle été pensée sinon pour les élèves en situation de handicap ?

Cette dérive est logique : elle est inhérente au modèle inclusif qui fonctionne par déclinaisons et extensions indéfinies d'une multitude de « j'ai le droit », de moins en moins légitimes. À l'origine, ce modèle pose comme principe que ce n'est pas à l'élève en difficulté, vulnérable du fait de son handicap, de s'adapter à l'institution mais que c'est à l'école de s'adapter à lui. L'accessibilité cognitive est ainsi un travail qui repose sur l'enseignant, et non sur l'élève porteur d'un trouble cognitif. L'approche inclusive signifie que le handicap est perçu comme une différence, il doit être accepté et non soumis à une normalisation à marche forcée. L'enfant avec autisme est comme il est, il est différent et doit être l'objet d'une attention et d'un enseignement qui s'adaptent à sa différence, il n'a pas choisi d'être autiste. La légitimité de l'adaptation dans un modèle éducatif inclusif repose sur l'idée que l'enfant n'a aucune responsabilité dans ses difficultés d'apprentissage.

L'école inclusive n'existe pas

La notion de société inclusive est venue recouvrir l'école inclusive. Elle porte préjudice aux enfants en situation de handicap qu'elle concernait en premier lieu. Le paradigme inclusif atteint ses limites lorsqu'il est étendu à la société tout entière. Cela concerne surtout les sociétés pluralistes où coexistent plusieurs référentiels culturels avec plus ou moins de compatibilité avec la culture majoritaire. De fait, les minoritaires qui clament « J'ai le droit » finissent par imposer leurs particularismes au groupe majoritaire, lui-même pourtant composé de populations diverses, mais qui ont fait le choix de partager une culture commune qui dépasse leurs singularités respectives.

Dernier avatar de l'inclusion, « l'écriture inclusive », énième expression du différentialisme postmoderne, qui aurait mérité l'indifférence tant elle est un non-sens. Désormais l'adjectif *inclusif* apparaît clivant, outrancier, partisan. Entré dans la novlangue multiculturaliste que personne n'interroge, c'est un mot à la mode quand on veut paraître moderne et bienveillant. C'en est fini de l'intégration, ou pire de l'assimilation. Avec l'inclusion ce n'est plus à l'étranger de s'adapter à la société d'accueil, c'est à elle de s'adapter pour offrir à la culture de son hôte une place strictement égale, en somme lui accorder des droits particuliers aux dépens de la majorité. Peu importe que sa culture véhicule des valeurs et principes opposés à celle de la majorité, il faut être respectueux des différences.

Un extrait du rapport Tuot qui définit la société inclusive révèle la mystification, toujours habillée du logos fumeux des penseurs de la postmodernité :

Génération « j'ai le droit »

« Une société inclusive – qui demande à chacun l'effort de rejoindre son centre et de ne pas demeurer seul sur ses marges, qui demande à chacun donc à tous, sans exception, de construire la dynamique centripète ramenant en son sein la plus grande part possible de ses composantes, est une société efficace, économiquement prospère et politiquement sûre, c'est-à-dire protectrice, donnant liberté et sécurité. L'histoire de la dynamique économique et politique de l'Occident est celle-ci – celle d'une recherche permanente de l'inclusion, par opposition non à l'exclusion, mais à la prédation : une société de prédation se construit (avec les institutions correspondantes en miroir) par la domination de certains, maintenant frontières et barrières à leur profit : elle peut être rentable un certain temps, mais ne génère jamais la même richesse, ni le même degré de bonheur, que celle d'inclusion, et finit, toujours, par l'explosion sociale et politique (plus rarement par une transformation sans crise qui s'esquisse, mais échoue trop fréquemment). »

Comprend ce charabia qui peut. Et attention aux récalcitrants ! Thierry Tuot prend des accents dignes d'un commissaire du peuple : « À tous ceux qui la récuseraient pour ne pas quitter le confort même minime de la société actuelle, où (*sic*) un passé souvent fantasmé, rappelons que s'ils ne veulent pas quitter l'état actuel de notre société, cette société les quittera, quoi qu'ils en aient : mieux vaut participer au mouvement et au choix de la construction que de rester sur le bord de la route où passe l'histoire

L'école inclusive n'existe pas

de la nation... » *Mieux vaut participer au mouvement*, cela s'appelle aussi le grégarisme.

Oui, une société démocratique doit être inclusive à l'égard de personnes qui n'ont pas choisi d'être en situation de handicap. Elles n'ont pas choisi de voir leur autonomie et leur capacité à participer à la vie en société restreintes en raison de l'altération de certaines fonctions physiques, mentales ou psychiques[1]. Elles n'ont pas choisi d'avoir moins de droits que leurs concitoyens ! En revanche, une société ne doit pas être « inclusive » d'un point de vue social ou culturel à l'égard de personnes qui ont choisi librement de vivre en France tout en sachant que la culture et le mode de vie de ce pays avaient des singularités irréductibles. Ceux qui ont choisi d'y demeurer durablement, notamment en y fondant une famille, doivent *s'intégrer*. Cela signifie qu'ils doivent accomplir les devoirs qui vont avec les droits qui leur sont accordés, droits et devoirs qu'ils ont en partage avec tous les citoyens : ni plus ni moins. On attend de ces personnes qu'elles manifestent ce consentement tant implicite qu'explicite à la loi française, aux us et coutumes de la population majoritaire, et non qu'elles placent au-dessus de nos lois celles de leur pays d'origine, de leur identité sexuelle ou de leur loi religieuse, etc. Il faut en effet ajouter « *et cetera* », car en matière d'inclusion sociale, l'extension du « droit de » est infinie.

---

1. Pour une définition précise du handicap, on se réfère à l'article L-114 de la loi du 11 février 2005.

Génération « j'ai le droit »

Pourquoi devenir enseignante spécialisée ?

Enseigner, c'est croiser la route d'élèves toujours différents, c'est une lapalissade. La très forte hétérogénéité des classes produite par la massification scolaire a rendu cette vérité plus dure. J'ai voulu me réorienter vers l'enseignement spécialisé pour ne pas laisser s'étioler d'une part ma passion de la transmission, d'autre part mon engagement dans le service public d'éducation. J'ai assez décrit dans les pages qui précèdent les conséquences du nivellement éducatif pour que cela justifie mon envie de m'engager autrement dans mon métier, toujours auprès de ceux qui avaient « besoin d'école », en gardant à l'esprit l'égalité républicaine faite de devoirs et de droits. Enseigner auprès d'élèves en situation de handicap ne relève ni de la compassion ni d'une mission sociale. C'est une dimension de notre métier à laquelle chaque enseignant devrait être formé, d'autant que le nombre d'élèves en situation de handicap en milieu ordinaire augmente régulièrement.

Cette formation est exigeante[1]. Elle dure au minimum une année et se fait sur la base du volontariat. Rien n'incite les enseignants à la suivre et ils n'y gagnent rien en termes de carrière. Nous la réalisons sur notre temps libre. Si toutes ces formations longues sont payées par l'Éducation nationale, certaines spécialisations, comme l'apprentissage de la langue des

---

1. Le CAPA.SH pour les professeurs des écoles et le 2CA-SH pour les enseignants du secondaire.

L'école inclusive n'existe pas

signes ou la méthode Feuerstein, restent néanmoins à la charge financière de l'enseignant. Ainsi, une de mes collègues d'histoire qui coordonne les classes d'élèves malentendants de son collège y consacre une partie de ses vacances et de ses revenus personnels depuis plus de deux ans.

La majorité des collègues qui valident cette formation continuent d'enseigner leur discipline à temps plein, ils ont acquis une expertise supplémentaire pour mieux accompagner les élèves en situation de handicap de leurs classes ordinaires. Je voulais me former pour devenir enseignante coordonnatrice d'ULIS[1]. À l'issue de ma formation, j'ai donc obtenu facilement ce poste car on ne se bouscule pas en région parisienne pour enseigner en ULIS collège. Dans certaines académies, on trouve si peu d'enseignants spécialisés qu'on y affecte des professeurs des écoles débutants sans formation idoine, ce que les parents d'élèves ignorent la plupart du temps pensant disposer d'un « expert ». On compte environ 85 000 élèves scolarisés en dispositifs ULIS de la maternelle au lycée professionnel sur les 300 000 élèves en situation de handicap scolarisés en milieu ordinaire[2]. Mais il n'y a pas d'ULIS dans chaque école primaire, et encore moins en collège et lycée où leur nombre reste insuffisant, faute d'enseignants formés et de volonté politique.

---

1. Unité localisée d'inclusion scolaire.
2. 80 000 enfants ayant des handicaps plus sévères sont encore maintenus en établissement sanitaire ou médico-éducatif (IME) où la scolarisation est réduite à la portion congrue, voire inexistante.

Génération « j'ai le droit »

J'ai pris mes fonctions dans une classe ULIS d'un collège tranquille des Hauts-de-Seine. Conformément à la loi, cette classe regroupait une douzaine d'élèves porteurs de handicaps variés et de tous les âges[1]. Le rôle de l'enseignant coordonnateur est méconnu : il s'agit d'accompagner les élèves pour leur assurer un maximum de temps d'inclusion dans la classe ordinaire qui correspond à leur âge. Parfois un tiers-temps, parfois presque à temps plein, cela dépend du niveau scolaire et de l'autonomie de l'élève. Cela dépend aussi de la bonne volonté des collègues à accueillir ces élèves ! Le reste du temps, les élèves sont en classe ULIS où l'enseignant coordonnateur dispense des cours en fonction des différents besoins individuels.

L'enseignant spécialisé n'a ni prime ni avantage de carrière. Il est même quelque peu déconsidéré par certains de ses pairs, surtout dans le secondaire. Ainsi, quelques-uns de mes collègues ne comprenaient pas pourquoi je choisissais de prendre « ce genre de classe » avec 24 heures hebdomadaires au lieu de faire mes « 18 heures tranquilles » de prof d'histoire-géo... Certains s'interrogeaient sans ambages : « Tu as préféré arrêter ton détachement dans la haute fonction publique pour faire ça ? » D'autres me disaient ne pas comprendre que « ces élèves soient scolarisés, car ils seraient bien plus heureux dans des instituts faits pour eux ». C'était dit sans méchanceté. Beaucoup d'enseignants considèrent que le collège est devenu un sas de tri entre ceux qui peuvent suivre des études

---

1. Entre onze ans et seize pour le plus âgé.

supérieures et ceux qui ne le peuvent pas mais qu'on doit quand même s'efforcer d'envoyer au lycée pour répondre à la demande institutionnelle... Ajouter des élèves handicapés à ce public très hétérogène, potentiellement violent dans certains établissements, est simplement incompréhensible pour certains collègues. Je ne les blâme pas. Je peux entendre leur malaise. Cela m'a permis de rapidement mettre en regard théorie et pratique, moi qui croyais que, grâce à mes efforts ciblés, mes élèves d'ULIS seraient facilement accueillis en classe ordinaire !

Je pourrais donner de nombreux exemples du rejet (poli ou non) dont sont l'objet certains élèves en situation de handicap, en particulier ceux qui souffrent de troubles cognitifs ou qui ont une déficience intellectuelle. Les enseignants de primaire ont l'habitude de cohabiter avec des classes spécialisées, elles le font depuis des décennies, alors que dans le secondaire c'est un phénomène tout à fait nouveau[1]. Le plus souvent, au collège, mes collègues m'expliquaient manquer de temps et de savoir-faire pour bien s'occuper de ces élèves différents, quand d'autres les prenaient pour des tire-au-flanc ! Pas étonnant que les inclusions en classes ordinaires les plus réussies concernent souvent les élèves ayant des profils proches du collégien lambda. Pour les autres élèves aux profils de handicap plus sévère, hormis mes collègues d'EPS, de musique et d'arts plastiques, il était difficile d'obtenir de réelles adaptations pédagogiques. On attendait

---

[1]. À l'aube des années 2000, on comptait moins de 2 000 élèves en ULIS collège contre 44 000 en primaire.

que je les mette en œuvre à la place des enseignants, ce qui n'était pas mon travail mais le leur ! L'inclusion se résumait assez souvent à une tolérance à l'égard de « mes » élèves, de si gentils « visiteurs ».

On parle beaucoup de « l'école inclusive », mais on se paye de mots. Il est illusoire d'inclure des élèves sans former *tous* les enseignants et les accompagnants, sans développer une pédagogie de soutien. Si l'inclusion signifie simplement la mise en présence d'élèves en situation de handicap en milieu ordinaire sans prendre en compte leur droit à une pédagogique différenciée, « l'école inclusive » conduira à des déceptions et des rancœurs amères. Ces enfants et leurs familles, longtemps privés d'une vraie scolarité, ne réclament que le droit commun. Eux pourraient dire « J'ai le droit »...

École : l'illusion inclusive

L'expression *école inclusive* est désormais institutionnalisée. Il faut pourtant s'attacher à singulariser ce concept appliqué à l'école et au handicap en évitant de le confondre ou le mêler aux polémiques politiques militantes de minorités ethniques, sexuelles, *genrées*, *racisées* ou que sais-je. On doit ce respect aux enfants en situation de handicap.

Sur le plan théorique et pratique, intégration et inclusion sont censées s'opposer. Or l'école inclusive actuellement promue est-elle si différente de l'école intégrative ? Je serais tentée de croire que la formule

L'école inclusive n'existe pas

de « l'école inclusive » est davantage une « subtilité sémantique appartenant au *politiquement correct* », pour reprendre Jean-Marie Gillig[1]. Cet inspecteur de l'Éducation nationale, formateur à Strasbourg, avait répondu dès 2006 aux promoteurs de l'école inclusive dans un article critique intitulé « L'illusion inclusive ou le paradigme artificiel ». C'est que le passage du principe d'intégration scolaire à l'inclusion consacré par la loi de février 2005 puis la loi de refondation de l'école de 2013 ne va pas de soi.

L'intégration et l'inclusion se situent d'abord dans la problématique du type d'éducation que la société propose aux enfants en situation de handicap : « éducation spéciale ou éducation inclusive[2] ? » En effet, la présence des enfants handicapés dans la classe ordinaire est relativement récente au regard de l'histoire scolaire républicaine. La France a un retard considérable dans la scolarisation et la prise en compte de la dignité de ces enfants, en particulier ceux qui souffrent de handicaps invisibles comme les troubles des fonctions cognitives ou les troubles psychiques, soit près de 7 enfants handicapés sur 10 ! Le handicap moteur ou sensoriel, plus acceptable sur le plan social car rarement lié à une déficience intellectuelle, est toujours mis en avant. Les médias ou les associations de personnes handicapées préfèrent ainsi communiquer autour de problématiques pratiques d'accessibilité, moins anxiogènes. Les handicaps invi-

---

1. Jean-Marie Gillig, « L'illusion inclusive ou le paradigme artificiel », *Nouvelle Revue de l'AIS*, n° 36, 4ᵉ trimestre 2006.
2. Éric Plaisance, *Autrement capables*, éditions Autrement, 2009.

sibles sont pourtant largement majoritaires, mais leur invisibilité dans le débat public témoigne du malaise qu'ils suscitent auprès d'une opinion sous-informée quand cela touche à la « santé mentale ».

Jusqu'à la loi de 1975 énonçant que les enfants en situation de handicap sont « soumis à l'obligation éducative », ils étaient éduqués au sein d'institutions séparées en fonction d'un processus de catégorisation amorcé au tournant du XXe siècle et incarné par Binet et Simon. Cela a conduit à une « séparation institutionnelle » dont Éric Plaisance a analysé l'histoire. Jusqu'aux années 1980, on avait d'un côté l'Éducation nationale qui abritait les classes de perfectionnement et de l'autre le ministère de la Santé pour les handicaps sévères. La loi de 1975 a constitué un progrès vers une école intégrante en rompant avec les catégorisations des niveaux d'éducabilité des enfants mais sans franchir le pas vers l'obligation scolaire. En raison de cette ambiguïté, la scolarisation des enfants en situation de handicap ne progressa guère entre 1975 et 1990, avec à peine 7 % d'enfants en classes ordinaires au début des années 1990.

L'intégration scolaire, individuelle et en classes ordinaires, voulue par la loi française ne fut pas contestée dans le principe – cela aurait été moralement indigne – mais elle le fut dans son fonctionnement. Comme le souligne Éric Plaisance, les intégrations d'élèves étaient « discontinues, à l'essai », et plus le niveau scolaire augmentait, plus les exclusions vers le médico-social progressaient. Un enseignement cloisonné et inadapté, qui fonctionnait sur une règle normative à laquelle les enseignants dérogeaient peu ou pas. Il a fallu attendre 1999 pour que soit relancée une politique intégrative, le retard français est donc ahurissant comparé au reste des démocraties modernes ! Le programme Handiscol fixa un « devoir d'accueil à chaque établissement scolaire ordinaire ». Les difficultés ont pourtant perduré mais le changement de paradigme était enclenché. Il aboutira avec la loi du 11 février 2005 qui fait obligation « d'une formation scolaire » pour tout élève quel que soit son handicap et dans son établissement de référence dans la mesure du possible. On passe alors d'une logique de filières séparées à une logique de parcours en fonction du projet de vie de l'enfant.

Dire « Je vais à l'école » ne suffit pas

Nous sommes plus d'une décennie après la loi de 2005 qui a fait entrer les personnes handicapées dans le droit commun, en particulier à l'école et dans le monde professionnel. Cette loi est une des réformes sociales majeures des dernières décennies, avec des mesures dans tous les domaines pour répondre aux besoins de plus de douze millions de Français en situation de handicap. Tout commence par la scolarisation. Plus celle-ci se déroulera en milieu ordinaire, plus l'insertion sociale et professionnelle de ces citoyens s'améliorera. Nous cesserons peut-être d'être un des pays de l'OCDE le plus à la traîne dans ce domaine. Et il serait temps que des centaines de familles françaises ne soient plus contraintes de se séparer de leurs enfants pour les envoyer en Belgique ou en Suisse faute d'un accueil digne dans leur propre pays.

Depuis des années, le ministère de l'Éducation nationale traite la question de la scolarisation des élèves handicapés sur un mode quantitatif. C'est bien le signe de la vision macro-économique qui domine dans la gestion de l'école, tous gouvernements confondus : commander des audits, sabrer pour optimiser les coûts de fonctionnement et non pas évaluer pour trier le bon grain de l'ivraie. La révision générale des politiques publiques (RGPP) mise en place dès l'été 2007 par le duo Sarkozy-Fillon en fut l'aberrante démonstration.

Quantifier les élèves en situation de handicap scolarisés pour proclamer que l'Éducation nationale assume pleinement cette charge, c'est considérer le verre à moitié plein. Le CNESCO l'a dit en 2016 : « L'éducation inclusive s'en trouve résumée statistiquement à un accès physique aux établissements scolaires. » La vision limitée de ce qu'est l'inclusion de ces élèves est résumée par cette déclaration de Najat Vallaud-Belkacem : « Tendre vers une société inclusive, c'est permettre aux enfants, quels que soient leurs besoins, de dire : "Je vais à l'école[1]". » 25 % d'élèves en plus qui « vont à l'école » cela ne signifie pas qu'ils y sont accueillis de façon adaptée. Cet élan impulsé sous Jacques Chirac avec la loi de 2005 a été maintenu sous Nicolas Sarkozy pourtant très peu investi sur ce dossier. Sur sept ans, de 2005 à 2012, 70 000 enfants furent ainsi scolarisés en milieu

---

1. Interview accordée à *La Tribune*, 23 septembre 2016.

ordinaire, accompagnés par une augmentation du nombre d'AVS (sans formation idoine).

Aujourd'hui, encore trop d'enfants sont privés d'école, en particulier ceux qui souffrent de maladies invalidantes ou de troubles cognitifs. On évalue leur nombre à 20 000. L'égalité républicaine qu'on invoque pour les quartiers sensibles de ZEP, on l'interpelle peu pour les élèves handicapés. Ils sont invisibles puisqu'ils ne revendiquent rien ni ne molestent leurs enseignants. Les associations de parents d'enfants handicapés sont moins politisées et moins agressives que d'autres. Comment peut-on accepter que des familles soient obligées de scolariser leurs enfants en situation de handicap visuel ou auditif à des kilomètres de leur domicile ?

Le scandale de la déscolarisation des enfants avec autisme

Comment tolérer, la situation indigne faite aux enfants avec des troubles du spectre autistique (TSA) ? Une naissance sur cent aujourd'hui. Nous en sommes, depuis 2005, au 4e Plan autisme. En région, des centres de ressources autisme (CRA) pour améliorer diagnostics et prises en charge ont été créés à partir de 2004, certains annoncent presque un an d'attente pour un premier rendez-vous ! Et la France ne scolarise toujours que 20 % de ces enfants en milieu ordinaire quand d'autres pays en accueillent 80 % à l'école.

Le Plan autisme 2013 a montré que le taux d'élèves avec TSA dans les effectifs en milieu ordinaire reste très faible, et que les accompagnants n'étaient pas assez formés aux spécificités de ce trouble d'origine neuro-développementale. Le CESE a indiqué qu'en 2012, 20 375 élèves avec TSA étaient scolarisés[1] pour environ 110 000 enfants avec TSA en France : « Seul un quart est scolarisé en milieu ordinaire », peut-on lire dans ce rapport. Plus de 200 associations rassemblées au sein du collectif Autisme avançaient en 2011 que 80 % d'enfants avec TSA « n'ont pas accès à l'école », se basant sur une estimation de 80 à 90 000 enfants concernés. On notera que dans un sondage, 82 % des enseignants ont estimé à 20 % le taux d'enfants avec TSA scolarisés en milieu ordinaire, ce qui montre que la réalité leur est connue, au moins intuitivement[2].

La plupart des enfants avec TSA sont encore orientés en France vers le milieu médical qui n'est pas un lieu d'éducation. Toutes les recherches scientifiques ont démontré que c'est le milieu ordinaire qui bénéficie le plus à l'éveil et au développement des habiletés sociales d'un enfant souffrant d'autisme. La plupart des grandes démocraties occidentales accordent de mieux en mieux leur place en milieu ordinaire aux personnes avec autisme au nom du concept d'*empowerment*. La France est un pays sous-développé en la matière. C'est un scandale humain absolu. La prise en compte de l'intelligence autistique

---

1. *Le Coût économique et social de l'autisme*, avis du Conseil économique social et environnemental, 2012.
2. Sondage Opinionway pour le Collectif autisme, 2011.

L'école inclusive n'existe pas

dans le champ des apprentissages scolaires est rare chez nous si l'on excepte les travaux de l'INSHEA[1]. Elle est en revanche dominante aux États-Unis, au Canada, en Israël, au Royaume-Uni, aux Pays-Bas et dans les pays scandinaves, où les « explorateurs » des TSA sont internationalement reconnus, où l'application presque immédiate dans le champ éducatif des résultats de la recherche a permis une meilleure prise en charge au cours des trente dernières années, où l'insertion des personnes avec autisme dans la société est sensiblement meilleure qu'en France.

Aujourd'hui, la scolarisation des enfants avec TSA doit tout à l'action des parents. Si quelques enseignants en font leur cheval de bataille et s'investissent, nous sommes bien isolés au sein des équipes éducatives et n'avons pas souvent le soutien attendu de la hiérarchie. Les parents d'enfants autistes ont acquis une formidable expertise qu'il faudrait utiliser dans le monde enseignant au lieu de la dénigrer. Les tensions entre parents et école sont fréquentes dans le cas de ces élèves qui sont les moins bien inclus en milieu ordinaire. La combativité parentale est alors perçue sous l'angle de l'excès. Les parents doivent se montrer obéissants et ne pas exiger plus que ce qui leur est proposé par les experts professionnels !

À travers l'exemple édifiant des élèves avec autisme, on le voit, l'*école inclusive*, nous n'y sommes vraiment pas.

---

1. Institut national supérieur de formation et de recherche pour l'éducation des jeunes handicapés et les enseignements adaptés.

CONCLUSION

Le devoir de se forger un destin commun

Les livres sur l'école se multiplient ces dernières années. Aussi peu enclins à l'optimisme les uns que les autres. Chacun pressent que la pérennité d'un modèle de civilisation est en jeu dans ce lieu où sont posées les bases du commun. Un commun de valeurs, de culture littéraire et philosophique, de savoirs. Un commun historique dont on peut être collectivement fiers, qui nous rattache les uns aux autres au lieu de nous jeter les uns contre les autres. Toute cette littérature sur l'éducation fait le constat de la crise de l'école. Dont acte. Chacun y va de son diagnostic, de ses solutions, de ses ambitions pour « sauver l'école ». Mais a-t-on vraiment conscience, comme le soulignait déjà Hannah Arendt, au milieu du siècle passé, qu'il s'agit d'une « crise de la culture », c'est-à-dire une crise d'héritage, un refus d'assumer la responsabilité de transmettre les trésors de la civilisation occidentale. Qu'on le veuille ou non, cette civilisation a porté les grandes avancées humaines tant du point de vue technique que philosophique et politique.

Par son universalisme, par sa capacité à l'autocritique unique en son genre, elle demeure un modèle d'émancipation par l'exercice de la raison critique et du libre arbitre individuel. Pour cela même, elle est un repoussoir pour les partisans, souvent haineux, du particularisme identitaire.

« Une crise ne devient catastrophique que si nous y répondons par des idées toutes faites[1] », écrivait Arendt sur la crise de l'éducation. Nous sommes arrivés au point où la catastrophe est une réalité pour de nombreux parents d'élèves, de nombreux enfants, de nombreux enseignants, de nombreux citoyens. Depuis plus de trente ans, les pédagogistes n'ont cessé de répondre à la crise de l'éducation par des *idées toutes faites*, la promotion de modèles idéologiques clos, de plus en plus radicaux. Depuis les années Giscard, le président jeune et moderne, ces fossoyeurs de l'école ont été adoubés « experts en sciences de l'éducation ». Ils président depuis quatre décennies aux décisions concernant les programmes et leur mise en œuvre, imposent une doxa qui a ruiné les bases de l'acte de transmission. Les pédagogistes récusent toute autre approche que la leur au nom du progrès, de la complexité, de la postmodernité et de l'égalitarisme. Leur vindicte s'exerce par la calomnie et l'accusation d'« ennemi du peuple », de suppôt de la fachosphère, d'agent d'un conservatisme autoritaire. Les caricatures vont bon train et se font plus dures à mesure que l'opinion les contredit en réclamant l'autorité des maîtres, la discipline dans les classes, la

---

1. Hannah Arendt, *La Crise de la culture*, Folio, p. 225.

Conclusion

transmission de savoirs exigeants, le respect de l'institution, l'acceptation du modèle de société qu'elle incarne.

Le clivage n'a jamais été aussi prégnant. Le moment paraît venu de choisir un chemin qui sera sans retour dans un monde qui va trop vite. On peut ouvrir l'école à tous les vents mauvais qui soufflent autour d'elle, voire en elle dans certains quartiers. On peut faire le choix d'accommodements à court terme : la paix maintenant, sans penser à demain. On peut choisir de continuer à survaloriser l'infructueuse et dispendieuse politique de discrimination positive des ZEP et autres REP + aux dépens des 75 % d'élèves restants. On peut continuer à instrumentaliser la laïcité comme principe politique fondateur de la République française pour lui faire porter le chapeau de l'abandon de l'intégration ou la vider de son contenu pour en faire un catéchisme multiculturaliste insipide.

Ou alors, on décide de mettre enfin hors jeu les fossoyeurs de l'école républicaine : ces technocrates de l'administration centrale ou rectorale, ces conseils et comités d'audit censés alimenter la « réflexion » de décideurs bien-pensants rarement immergés dans une classe, ces formateurs et conseillers pédagogiques qui professent le déracinement culturel au nom du « bien-être de l'élève au centre du système ». Revenir à « l'école d'avant » n'a aucun sens si ce n'est pour brandir des symboles. Le port de l'uniforme n'est pas la solution à l'acculturation, mais simplement du marketing de campagne présidentielle. Ne rêvons pas, la génération actuelle d'écoliers aura à subir les conséquences des politiques éducatives cala-

Génération « j'ai le droit »

miteuses établies depuis près de quarante ans. Ne prenons pas le ministre – quel qu'il soit – pour un roi thaumaturge. D'autant que nous savons tous que les dispositions du ministre ne sont pas toujours suivies par les échelons inférieurs, en particulier dans le marigot pédago des formateurs où l'on sait ridiculiser les décisions ministérielles en chantant la petite chanson du « nous les vrais experts de la pédagogie, on sait mieux que le ministre ».

Mais pour la génération suivante ? Comment redonner, à tous, l'envie de l'école comme lieu des savoirs ? Car c'est là qu'on forgera le premier cercle d'appartenance collective à la nation et qu'on arrivera à endiguer les débordements identitaristes et leur surenchère de « j'ai le droit ».

N'a-t-on pas assez déraciné la culture française et les savoirs ? On a nié à notre culture le droit de s'affirmer avec fierté dans l'école, ce lieu où elle se déployait avec tant de force depuis un siècle et demi et qui avait éclairé tant d'enfants de toutes conditions, de toutes origines. Depuis les années 1980 et la fameuse démocratisation scolaire, où sont les nouveaux Camus et Péguy, les Perec et Cheikh Haridou Kame ? L'école qui les a élevés au-dessus d'eux-mêmes : cette école française là est morte. Elle s'incarne par quelques maîtres perdus au milieu de la médiocrité ambiante d'une institution à bout de souffle. Des maîtres épuisés, certains démotivés, de vider la mer à la petite cuillère, tout en étant méprisés par la société, traités de petits fonctionnaires fainéants.

Dans notre monde de l'homme déraciné et acculturé, la réussite sans le mérite ni le talent est

Conclusion

possible grâce au réseautage. L'école perd de sa légitimité par la densification de ce système de privilèges digne de l'Ancien Régime qui a pris une ampleur incroyable. Et certains « discriminés », autoproclamés ou désignés comme tels par la compassion ambiante, ont compris l'importance du réseautage. Ils ont raison. À l'instar de la dictature paritaire, la promotion de la « diversité » – concept inventé pour déculpabiliser les élites de s'autoalimenter en cercle fermé – a ouvert un champ des possibles fantastique pour peu qu'on ait les bons atouts (ou atours). Les recruteurs dans la haute fonction publique ou les grandes entreprises ne sont souvent pas regardants sur les compétences. Ce qui compte c'est « qui coopte qui ? », et si votre profil colle avec les besoins de com' du moment. Mon expérience au HCI et les collègues restés en poste de-ci de-là qui me racontent ce qu'ils voient, m'ont permis de comprendre comment la haute fonction publique opérait certains recrutements : beaucoup de cosmétiques pour servir le politiquement correct et « promouvoir la diversité » pour calmer les revendications de lobbies pugnaces. On place des icônes incapables d'écrire une note à des postes à forte visibilité puis on charge les fonctionnaires de service, recrutés eux sur des critères sélectifs sérieux, d'écrire et de travailler à leur place. Voilà la société de demain : être dans le bon réseau, coller au profil que la doxa promeut, communiquer en exploitant le travail des autres.

Mais la colère est là. Le renoncement aussi. L'école se dit méritocratique mais elle ne peut rien contre cette nouvelle société de droits où une caste de privilégiés hétéroclites se passe les charges, non plus sur

Génération « j'ai le droit »

un mode héréditaire mais sur celui du politiquement utile. L'école publique est bien un *territoire perdu de la République,* si l'on croit que la République signifie reconnaissance du mérite individuel et promotion des talents. Notre école se vide de ses meilleurs élèves voire de ses élèves moyens et de ses meilleurs professeurs. À se demander si ce n'est pas l'objectif : laisser mourir l'école laïque républicaine pour renforcer l'enseignement privé, confessionnel ou non. D'une part, on allège le budget du mammouth, d'autre part, on externalise la fabrication d'une élite que les profs du public sont incapables de former puisqu'on ne veut plus leur en donner les moyens culturels ni les légitimer dans cette transmission exigeante des savoirs (sauf dans quelques lycées prestigieux qui sélectionnent à l'entrée en Seconde).

Si l'école publique laïque républicaine disparaît – ce qui est à l'œuvre – pour prendre la forme d'un modèle scolaire où règnent l'interdisciplinarité et la pédagogie de projet dans la béatitude multiculturaliste, nous changerons de modèle de civilisation. Rien de moins. Car une révolution démographique est en cours en Europe et avec elle une révolution culturelle. Qu'on la nomme *société inclusive* ou *société multiculturelle,* on s'achemine vers une France des communautés, un millefeuille d'autoségrégations sous couvert de progressisme. Rien n'est joué, mais quatre décennies ont été gâchées en atermoiements. C'est cette situation que nous affrontons aujourd'hui, aux avant-postes des bouleversements socioculturels qui transforment l'Europe. On observe bien, en France, les deux camps en présence : ceux qui se résignent au

Conclusion

nom du multiculturalisme et d'une relecture fantaisiste de la notion de progrès face à ceux qui résistent au nom d'un attachement à l'universalisme français et européen. L'Europe d'Érasme et de Voltaire, pas celle de la Commission européenne. Et à côté de ces deux camps, les extrêmes de gauche et de droite qui attisent les braises. La bataille pour l'école est une guerre de civilisation de très basse intensité. Elle se mènera avec deux armes : notre culture et l'intransigeance dans notre action pour défendre nos mœurs et principes démocratiques dont la séparation des pouvoirs spirituel et temporel est un des fondements.

Avons-nous les ressources intellectuelles, morales, philosophiques pour livrer cette bataille pour l'école, pour notre civilisation ? Je crois que oui. Collectivement, il existe en France, et même « en francophonie », un peuple qui ne veut pas renoncer. Avons-nous le courage, l'envie, la résistance que ce combat de longue haleine va exiger ? Pour cela encore faudrait-il se sentir conduits par des généraux prêts à mener la bataille jusqu'au bout… Hélas, comme l'écrit Pierre-André Taguieff, « la mémoire des mauvais moments du XXe siècle continue à tenir en laisse notre imagination d'un avenir inquiétant[1] ». À trop invoquer les terreurs et barbaries passées pour établir des comparaisons parfois anachroniques, on s'empêche de voir la singularité des barbaries qui sont là, qui montent et qu'il nous faudra combattre autrement qui avec des « plus jamais ça ». La génération qui vient devra lut-

---

1. Pierre-André Taguieff, *L'Islamisme et nous*, CNRS éditions, 2017, p. 53.

ter contre celle du « j'ai le droit ». Cette génération « j'ai le droit », ce sont les « forces panurgiques » puissantes mues par l'aspiration individuelle du confort consumériste qui s'évitent la douleur de voir et penser librement. Les adeptes du déni du réel sont des autruches, au sens de l'expression populaire qui veut qu'elle enfouisse sa tête dans le sable face au danger. À mesure que les lignes de front se rapprocheront, nos autruches bien-pensantes sortiront la tête du sable pour prouver qu'elles sont les membres les plus performants de la famille des ratites, ces oiseaux coureurs : « Courage, fuyons ! »

Table

Introduction. La faillite de l'éducation	9
1. « Guerre aux démolisseurs » de l'école	**21**
Un grand déracinement	23
Comment ont-ils déraciné la société ?	27
Les nouveaux « ennemis du peuple »	29
D'où je parle	32
Premiers pas	37
2. Ces parents d'élèves à qui l'on ment	**41**
Une génération déshéritée	43
L'ère du soupçon	45
Parents coupables	48
De l'Instruction publique à l'Éducation nationale	52
Briser l'autorité enseignante	54
Un dialogue forcément conflictuel ?	60
Vers les pleins pouvoirs aux parents ?	64
Yaka-fokon : la coéducation !	69
L'indispensable réengagement parental	72

3. L'égalité des chances, le grand mensonge.... 75
   Qui sont les responsables ? 77
   Pour en finir avec la question du « niveau » 83
   On ne parie pas sur la réussite scolaire
      comme au jeu de hasard.................................. 86
   Des enquêtes, des enquêtes,
      toujours des enquêtes...................................... 90
   L'école des « compétences » 98

4. Objectif : déraciner la culture 103
   Déraciner la langue française 105
   Tout se joue à l'école élémentaire 108
   Représenter graphiquement un mot,
      ça s'apprend.. 111
   « Lire n'est pas deviner » 114
   Une guerre idéologique et politique................. 121
   « Le temps est père de vérité » (Rabelais)......... 125
   Déraciner la littérature et les beaux arts 129

5. L'histoire : l'enjeu idéologique majeur 133
   Sur l'usage politique de l'histoire scolaire......... 135
   Jusqu'où ira la concurrence des mémoires ?..... 140
   Quel *récit* historique enseigner ?........................ 144
   Des programmes contre l'histoire ? 148
   La préhistoire : aube de notre
      multiculturalisme triomphant........................ 157
   Les manuels scolaires : un vrai faux débat........ 164
   « L'école change avec le numérique »................ 168

6. « J'ai le droit » en zones de non-droit........... 175
   Comment est née cette génération
      « j'ai le droit » en zones de non-droit............ 176

Table

La banalisation
  de la judéophobie musulmane 182
Mes *territoires perdus*... 191
L'Éducation nationale
  face aux *territoires perdus* 198
Pourquoi n'a-t-on pas reconquis
  les *territoires perdus* ? 204

7. L'école inclusive n'existe pas. 209
  L'inclusion : une notion précise
    qui devient un principe général ? 210
  Pourquoi devenir enseignante spécialisée ? 216
  École : l'illusion inclusive 220
  Dire « Je vais à l'école » ne suffit pas 223
  Le scandale de la déscolarisation des enfants
    avec autisme 225

Conclusion : Le devoir de se forger
  un destin commun 229

Composition Nord Compo
Impression CPI Bussière en décembre 2017
Éditions Albin Michel
22, rue Huyghens, 75014 Paris
www.albin-michel.fr
ISBN : 978-2-226-39821-5
N° d'édition : 22864/01 – N° d'impression : 2032952
Dépôt légal : janvier 2018
Imprimé en France